MÉTODO PQP

Como ligar o

FODA-SE

E ter uma vida estressante e de SUCESSO

CB125921

SAMUEL HONORATO

MÉTODO PQP

Como ligar o FODA-SE

E ter uma vida estressante e de SUCESSO

EDITORA PRIME

Copyright © 2021 Samuel Honorato

Todos os direitos reservados e protegidos pela Lei 9.610, de 19.02.1998.
É proibida a reprodução total ou parcial sem a expressa anuência do autor e da editora.

Revisão
Clara Diament

Projeto gráfico e diagramação
Filigrana

Projeto de capa
Agência PUNTO

Dados Internacionais de Catalogação na Publicação (CIP)
Angélica Ilacqua CRB-8/7057

Honorato, Samuel
Como ligar o foda-se e ter uma vida estressante e de su-cesso / Samuel Honorato. – Cotia: Prime Editorial, 2021.
128 p.

ISBN 978-85-5415-602-2

1. Sucesso nos negócios 2. Empreendedorismo 3. Administração 4. Liderança I. Título

20-4491 CDD 650.1

Índices para catálogo sistemático:
1. Sucesso nos negócios

Todos os direitos reservados à
PRIME EDITORIAL LTDA.
Avenida João Paulo Ablas, 3.100
lote 01/02 - Galpão 03
06711-250 – Cotia – SP

Dedico este livro ao meu Pai Edson Honorato (in memoriam) que me ensinou a caminhar no mundo dos livros e à minha amada Esposa Nagela Honorato por tantos anos de parceria e amor, e aos frutos desse amor, nossos filhos Julia e Miguel.

Sumário

APRESENTAÇÃO

Este não é um livro politicamente correto, não tem a pretensão de ser motivacional, muito menos é uma tentativa de resumir o mundo dos negócios em boas práticas e políticas eficientes.

Não sou um *coach*, sou um vencedor, um empresário de sucesso que aprendeu a nadar com tubarões. De tanto conviver em meio aos predadores do mercado, acabei por me tornar um deles.

Aos doze anos de idade entrei para o mercado editorial e, desde então, venho acompanhando o trabalho das livrarias convencionais, e suas crises cíclicas, e integrando equipes de editoras. Há mais de dez anos, sou o gestor e estou à frente das rotinas da minha empresa, que detém o maior número de pontos de venda de livros hoje no Brasil, sempre em contato direto com o público.

Neste livro, mostrarei que a vida dos negócios não é para qualquer um. Os fracos e os filósofos corporativos que me perdoem, mas vocês não sobreviveriam no mundo real. A realidade não é seu livrinho de autoajuda. Ela é mais cruel do que você pode imaginar.

Charles Darwin percebeu isso há muito tempo, quando concebeu a teoria da seleção natural:

> "Os organismos mais bem adaptados ao meio têm maiores chances de sobrevivência do que os menos adaptados."

No mundo dos negócios, sobrevive apenas quem for o mais rápido, o mais forte e quem melhor se adapta às situações. Seja tudo, menos fraco ou, no final do dia, você será apenas o resto de sujeira preso na sola do sapato dos vencedores. Qual o lugar que você quer ocupar? Mostre-me quem quer ser e eu lhe direi quem será.

Um amigo meu sempre disse que os resultados são obtidos pela exploração de oportunidades, não pela solução de problemas. Ele está correto!

Enquanto estiver lendo este livro, você encontrará um pouco de tudo: um pouco da minha história, um pouco dos meus acertos e dos meus fracassos. Não se foque apenas na minha história, mas pense o que você pode aprender e levar para o seu dia a dia. Se você não consegue extrair nada de bom das experiências alheias, então você nasceu para viver uma vida ordinária.

Agora, se você é, assim como eu, o tipo de pessoa que busca aprender o máximo possível com as pessoas ao seu redor, tenho certeza de que fez uma ótima compra. Se o seu intuito ao comprar este livro era conhecer os segredos não convencionais de um empreendedor de sucesso, parabéns, você comprou o livro certo.

CAPÍTULO 1

Partindo do zero

Comecei a trabalhar muito cedo. Passei por diversos empregos. Já fui ajudante em padaria, pequenas livrarias, estamparias, editoras e até embalei toucas plásticas para vender em motéis.

A maior e mais importante lição que todos esses trabalhos me ensinaram foi a de que eu não desejava nada daquilo. Eu queria algo melhor para a minha vida e estava disposto a fazer qualquer coisa para mudar minha situação.

Eu sou a prova viva de que, com muita força de vontade e determinação, qualquer zé-ninguém pode chegar ao lugar que quiser.

Durante minha jornada, ouvi diversas frases de efeito que não tinham efeito algum, mas algumas sempre me incomodaram mais do que outras. Sabe aquela clássica história de que você é a média das cinco pessoas com quem convive?

Esqueça!

Você não é, nem deve ser, a média de ninguém. É a partir de você que as pessoas devem medir a qualidade dos outros e delas mesmas. Eu aprendi que devemos, na verdade, ser a referência de todas as pessoas que convivem conosco.

Você deve estar se perguntando: "Se o segredo para o sucesso é a determinação, por que é que tantas pessoas determinadas não alcançam o sucesso?".

Embora não pareça, a resposta é bem simples. Essas pessoas se contentam com o pouco, com o ordinário, com o comum. É de vital importância que você busque o extraordinário em detrimento do ordinário.

Quando buscamos coisas comuns e simples, acabamos agindo como se fôssemos todos iguais, cópias uns dos outros, o que não é, nem em sonhos, verdade.

O vencedor do prêmio Nobel de medicina de 1962, o cientista Francis Crick, um dos responsáveis por desvendar as estruturas do DNA, mostrou ao mundo que cada ser humano possui características próprias que fazem com que ele seja único. Há uma individualidade intrínseca a todos os seres humanos. Por esse motivo, é extremamente necessário que, antes de fazermos qualquer coisa, tenhamos a completa noção de quem nós somos.

Quando descobri quem eu realmente era, minha cabeça mudou em questão de segundos. Vi tudo ao meu redor ganhar novas cores e novos significados.

Pude perceber que um novo mundo se abria diante de mim, um mundo de conquistas. Compreendi que com meu esforço, meu trabalho duro e minha determinação, eu me tornaria alguém na vida.

Ainda que alguns teimem, não há nenhum grande segredo que leve as pessoas ao estrelato, que as leve ao pódio dos protagonistas. Nunca houve segredo algum. Trabalho duro, sangue, suor e lágrimas, esses são os responsáveis pelo sucesso dos grandes líderes e empresários.

Neste livro, você encontrará tudo aquilo que aprendi na minha caminhada empreendedora. Se você começou a lê-lo em busca de um molde para a sua vidinha pacata e sem graça, pode deixá-lo de lado e ir fazer algo mais produtivo, como trabalhar, por exemplo.

Agora, se você quer dicas de como não ser um zé-ninguém, e sim o protagonista de sua história e o influenciador das pessoas ao seu redor, então aproveite cada página e cada linha deste livro.

É A CRISE QUE NOS FAZ CRESCER

Há uma importante fase na vida de todas as pessoas em que elas se perguntam: "O que será da minha vida daqui para a frente?".

A dúvida de qual será o nosso destino nos atormenta, dia após dia. Será que alcançaremos o estrelato? Se morrermos hoje, qual será nossa marca no mundo? Qual legado deixaremos para nossas famílias? Essas e outras questões aterrorizam qualquer um que tenha o mínimo de senso crítico.

É normal e importante tê-las: são essas dúvidas que nos tiram da nossa zona de conforto e nos fazem buscar algo novo. São as nossas crises de hoje que determinarão a pessoa que seremos amanhã.

Um modo de passar por essas crises de maneira produtiva pode ser resumido naquilo que costumo chamar de método PQP:

Persistência

Cada crise é apenas uma ponta do iceberg, haverá ainda muitas crises e dificuldades escondidas embaixo da água fria que você – e apenas você – terá de superar. Portanto, tenha seus objetivos bem claros e persista.

Qualificação

Prepare-se para chegar ao lugar que deseja. Nenhuma pessoa de sucesso chegou aonde chegou sem trabalho duro. Nunca se esqueça do velho ditado: trabalhe enquanto eles dormem.

Prática

Coloque a mão na massa e não deixe nada para depois. Viva um dia de cada vez e não tenha medo do que possa vir a acontecer. O que aconteceu já é passado e o futuro nós fazemos no presente. Portanto, levante a cabeça e volte ao trabalho!

Tenho a tendência de sempre ter os dois pés atrás com métodos *infalíveis* para alcançar o sucesso, para o investimento perfeito, para fugir de crises e coisas do gênero.

Em quase todos os casos, aqueles que propagam esses métodos, praticamente, repetem umas poucas máximas de *A arte da guerra*, de Sun Tzu, e alegam ter descoberto a roda. Não pretendo fazer isso com você, leitor. Saiba que o método PQP não é nada inovador, nem revolucionário. É apenas um modo prático de gravar essas verdades na sua mente.

Ao longo da história, as diversas religiões ao redor do mundo mantiveram a prática de rezar, que nada mais é do que repetir, em voz alta ou mentalmente, um determinado texto.

Existem momentos em nossas vidas – os momentos de crise, por exemplo – em que precisamos de algo ou alguém que nos oriente e dê clareza aos nossos pensamentos.

Pensando nisso, as religiões formularam as orações para que as pessoas pudessem repeti-las quando quisessem orientação. Ou seja, as orações são, acima de tudo, *pedagógicas*.

Charles Duhigg diz em seu famosíssimo livro *O poder do hábito* que nossos hábitos criam nossos costumes. A repetição cria realidades. Façamos o seguinte exercício imaginativo:

> *Carlos é um homem de trinta anos, que reclama muito que não tem tempo livre para fazer as coisas de que gosta. Se ele passar a acordar uma hora mais cedo todos os dias, terá tempo hábil para realizar as tarefas que deseja. Entretanto, Carlos não consegue acordar mais cedo; essa não é uma realidade para ele.*

> *Agora, se Carlos passar a se forçar a acordar cedo, mesmo não querendo, com o passar dos dias isso acabará se tornando um hábito, uma realidade. Ainda que com dificuldades, chegará um dia na vida de Carlos que acordar cedo será a regra e não mais uma exceção.*

O método PQP funciona da mesma forma. Se você memorizar essas três palavrinhas – Persistência, Qualificação e Prática – e as trouxer à mente durante esses momentos de crise, com o tempo, o significado delas será uma realidade em sua vida. O hábito, em si, será uma realidade.

Empreendendo na terra no pau-brasil

O Brasil é um celeiro de empreendedorismo. Existem diversas escolas que tentam lhe ensinar a ser um empreendedor de sucesso. Eu, particularmente, não acredito em nenhuma delas.

A empresária britânica Anita Roddick, por exemplo, fundadora da empresa The Body Shop, uma rede de cosméticos naturais e sustentáveis com foco no consumo ético, nunca acreditou que algum curso fosse capaz de ensinar alguém a empreender.

Cursos podem mostrar os caminhos para tirar seus sonhos do papel e trazê-los à existência, no entanto, se sua identidade não for a de um empreendedor, se isso não for um hábito em sua vida, curso nenhum o transformará, do dia para a noite, em quem você não é, nem se esforça para ser.

Hoje em dia, empreender no mercado livreiro é pedir para amadurecer, porque o que mais você terá ao seu redor serão crises e problemas.

Ainda que com dificuldades, o ramo do livro é, de certo modo, um ramo que oferece segurança. Por mais que ele passe por crises e dificuldades, o livro é uma mídia que nunca irá sumir.

Eu me lembro de quando a Amazon lançou o Kindle. Diversas pessoas gritaram aos quatro ventos que a era do livro físico havia terminado.

Muitos caíram nessa ladainha. Eu não. Com o tempo, todos viram que, de fato, os livros físicos nunca iriam sumir e que os e-readers nada mais eram do que companhias que – preciso admitir – também vieram para ficar.

Os livros, assim como a vida, quanto mais perto do fim se encontram, mais conhecimento fornecem e acumulam. Porém, pesquisas indicam que, nos livros digitais, essa experiência é distinta. A apreensão dos leitores de e-readers é menor que nos livros físicos, e o trabalho de memorização funciona com mais lentidão, também.

Dentre as mais diversas tecnologias que foram superadas e substituídas, os livros permanecem. Não apenas isso, mas eles têm se tornado objeto de desejo de muitas pessoas. Após editoras, como a finada Cosac Naify, terem elevado a qualidade dos livros a um patamar de excelência diferente daquele conhecido pelo mercado brasileiro até então, começou-se a se falar sobre o conceito de *livro objeto*.

Livros com acabamentos de luxo, edições de colecionador, edições limitadas, capas duras e os mais diversos designs possíveis transformaram o livro em algo mais do que apenas uma distração; agora ele é uma atração.

O mercado editorial, com ou sem crise, continua de pé como sempre esteve e sempre estará. Um dos motivos disso, fora todas as benesses da leitura, é que ele é um produto relevante, com um preço justo, vendido em pontos específicos e divulgado com eficiência.

Bom, permita-me explicar isso um pouco melhor.

Do PQP aos 4Ps, sem nunca esquecer do FDP

Meu primeiro contato com o mundo do comércio foi na padaria do meu avô, quando eu tinha doze anos. Lá, mesmo sem saber, fui exposto ao que muitos chamam de os 4Ps do marketing: produto, preço, ponto e promoção. Eu ainda não tinha noção, mas isso seria de vital importância para a minha vivência com a Promolivros.

Os 4Ps nada mais são do que uma abreviação dos quatro pontos principais do marketing:

Produto

O que você tem para oferecer ao mercado? Por que as pessoas devem comprar determinado produto com você e não com um zé qualquer na esquina da casa delas? Esse P demanda uma força criativa de pensar a roupagem do seu produto e a necessidade que as pessoas vão sentir de comprá-lo. Tão importante quanto saber vender e para quem vender é saber o que vender.

Preço

O preço não é apenas quanto seu cliente vai pagar pelo seu produto, mas tudo o que está em volta do produto em si. Ele é exclusivo no mercado? Qual a real utilidade dele? Por que as pessoas devem comprá-lo? Todas essas questões irão auxiliar a definir o preço final do seu produto. Existem casos em que as pessoas não ligam de pagar um preço alto por produtos que possuem certa exclusividade, qualidade garantida, ou, por vezes, simplesmente por status.

Ponto

É aqui que se encontra o ponto principal dessa lista de Ps. Não adianta possuir um belo produto, e nitidamente relevante, se você não souber qual é o público dele ou quem irá vendê-lo além de você. Mais importante do que conhecer a feira é conhecer o feirante. Caso contrário, corremos o risco de produzir carros para um vendedor de barcos.

Promoção

Por último, temos o P que, decisivamente, define um bom marqueteiro. A promoção do livro é o que vai ajudar a definir como será o sucesso de determinado produto. Se os três primeiros Ps forem executados com excelência, mas o quarto for deixado de lado, mesmo que seu produto seja importantíssimo para o planeta, ele correrá o risco de, em pouco tempo, ser substituído, com alguém que irá fazer a mesmíssima coisa, mas sob uma roupagem mais atraente.

Os 4Ps são de extrema importância para que algum empreendimento se sustente. Não adianta ter muito dinheiro, patrocínio e boa vontade. Sem um bom produto, um preço justo, um conhecimento prévio do público e uma boa forma de promovê-lo você vai nadar, nadar e acabar por morrer na praia.

Muitos dos leitores devem ter percebido que, dos quatro Ps, dei uma maior importância ao terceiro, o ponto. Se você é um desses que notou isso, parabéns, talvez você tenha um olhar clínico para empreender bem. Se não notou... bem, pelo menos você tentou...

Conhecer seus clientes demanda relacionamento, e, hoje em dia, essa é uma palavrinha que assusta muitas pessoas. Fomos dominados pela tecnologia, e isso fez com que perdêssemos o contato com a pessoas e a malícia necessária para a negociação. Negociação, essa é a palavra que você não pode perder de vista! Nunca deixe de negociar com seu cliente. Demonstre que você sem interessa por ele, ainda que isso não seja verdade.

Três pontos são essenciais nas relações comerciais. Na verdade, não são três pontos, mas três letrinhas: FDP.

Filtro

Para além dos estereótipos, cada cliente possui uma pessoalidade e conhecê-la será extremamente benéfico para suas vendas. Portanto, filtre bem todas as informações que recebe para agir com sabedoria diante de cada pessoa.

Determinação

Esteja determinado a vender seu produto e não abaixe a cabeça caso não consiga de primeira. Seja determinado e vá até o fim. Convença-se de que seu produto é o melhor para o seu cliente e, em seguida, convença-o do mesmo!

Perspicácia

Seja perspicaz ao negociar. Saiba distinguir entre o que o seu cliente quer e o que ele deseja. Ele pode querer o seu produto, mas desejá-lo em condições que não favoreçam você. Seja perspicaz para compreender o que está em jogo!

Perceba, no final das contas, que todas as coisas caminham juntas. O método PQP é o primeiro passo para conseguirmos entender os 4Ps, o que, sem o FDP, será muito complicado. Lembra de *O poder do hábito*? Internalize essas verdades em sua mente e com certeza, com o tempo, você será um empreendedor. Se você tornar a negociação um hábito, então caminhar para o sucesso também será um hábito.

CAPÍTULO 2

Abrindo portas: explorando um segmento

O mundo editorial é muito curioso. Conheço pouquíssimas pessoas que entraram nesse ramo e conseguiram sair ilesas. O universo dos livros tem o poder de capturar as pessoas de tal modo que se torna praticamente impossível fugir. Há uma brincadeira que as pessoas desse meio costumam falar umas para as outras: uma vez livreiro, livreiro para sempre.

Comigo não foi diferente. Foi meu pai, Edson Honorato, o responsável por me inserir nesse mundo. Ele trabalhava na saudosa Siciliano, uma das maiores livrarias do Brasil. Aquilo tudo me encantava. Não se resumia apenas à compra e venda de livros, mas estendia-se ao relacionamento entre pessoas, funções e propósitos.

Certa vez, vi uma entrevista com Friedrich von Hayek, ganhador do prêmio Nobel de Economia de 1974, falando sobre a quantidade de pessoas envolvidas na fabricação de um único lápis.

Aquilo me encantou e me fez perceber que essa não é uma verdade limitada à feitura do lápis, mas a toda e qualquer produção, até mesmo a dos livros.

Pense comigo: para que você pudesse comprar este livro, foi necessário que eu tivesse uma história para contar e que, de fato, a contasse. Depois, foi necessário que uma pessoa ficasse responsável por revisar o texto e outra por diagramá-lo; alguém fez a capa e alguém foi responsável por negociar a impressão; alguma empresa foi responsável por imprimir o livro; a editora fez a distribuição para as livrarias e, por fim, os livreiros precisaram conhecer o livro para que pudessem, de modo eficaz, vender o livro para você, leitor.

Vocês conseguem ver o quão grande e trabalhoso é o processo editorial? E tenha em mente que omiti *diversas* fases desse processo! Toda essa colaboração de áreas, de pessoas e empresas, tendo como foco a distribuição de literatura, faz com que eu tenha certeza de que é esse o ambiente que me faz bem.

Saber que posso auxiliar para o crescimento intelectual e pessoal das pessoas gera em mim uma força que me ajuda a suportar as dificuldades do caminho.

Saber que estou deixando minha marca na história é reconfortante quanto estou diante das tempestades.

Diversas pessoas vêm falar comigo dizendo que desejam ter a vida de um empreendedor, e eu sempre faço a mesma pergunta: você está preparado? Está preparado para as dificuldades, para o sofrimento e para todo o estresse? Se sim, então podemos começar a conversar.

Em toda esquina você encontra alguém que tem o sonho de tornar-se empreendedor, dono do próprio nariz, senhor de si mesmo, e pensa que será fácil, simples e tranquilo. Mas, escute aqui, deixe eu contar um segredinho: *não existe* empreendimento fácil, simples e tranquilo!

Vários contatinhos

Todo empreendimento envolve riscos e dificuldades, e, para que as coisas se tornem mais fáceis, contatos são de extrema importância. Você se lembra dos 4Ps? Agora, vamos focar no terceiro deles: ponto.

Conhecer seu cliente é importante, não apenas para vender seu produto, mas para se manter no mercado. Faça contatos, tenha amigos, lembre-se das pessoas, seja gentil. Um dia, você precisará de ajuda e é de extrema importância ter para quem pedir auxílio.

> "É mais fácil obter o que se deseja com um sorriso do que com a ponta da espada."
>
> William Shakespeare

Com toda certeza você já assistiu ao clássico do cinema mundial, *O Poderoso Chefão*. Caso não o tenha feito, por favor, largue *imediatamente* este livro e vá assistir ao filme. Caso já tenha feito sua lição de casa previamente e assistido à obra-prima de Francis Ford Copolla, pode continuar sua leitura em paz.

Em *O Poderoso Chefão*, a memorável personagem de Marlon Brando, dom Vitto Corleone, sempre possui alguns ótimos provérbios que são verdadeiros patrimônios da humanidade. Em dado momento do filme, dom Vitto diz ao seu filho, Michael Corleone, que é necessário deixar seus amigos por perto, mas é imprescindível deixar seus inimigos mais perto ainda. Acima de tudo, ele pontua, é de vital importância nunca odiar seus inimigos, pois isso, além de prejudicar seu julgamento, também rompe laços que podem vir a ser necessários um dia.

Dom Corleone tinha toda razão. Seja uma pessoa amigável e acessível, mesmo com aquelas pessoas que você, normalmente, não gostaria de ter como amigas.

Lembre-se que o mundo do empreendedorismo, ainda que possa contar com amizades verdadeiras, é, antes de tudo, o mundo dos negócios. Pessoas vão tentar superar você a todo instante, e elas não estão erradas ao fazer isso. É a lei do mais forte. Darwin estava corretíssimo. É preciso lutar para sobreviver.

> "Nunca se aborreça. Nunca faça uma ameaça. Argumente com as pessoas."
>
> Dom Vitto Corleone, *O Poderoso Chefão*

É possível entrar em algum empreendimento sem ter contatos? Sim, é possível, do mesmo modo como é completamente possível ir andando do Brasil ao México. O único problema é que será extremamente difícil e, penso eu, não muito aconselhável ou vantajoso.

Não se esqueça: se você quer chegar rápido, vá sozinho; se quiser ir longe, vá com amigos.

Diferentemente do que muitos pensam, ter contatos não é sinônimo de ter muitos amigos. Você pode fazer contatos sem que eles se tornem seus amigos, assim como pode fazer amigos sem que eles se tornem contatos profissionais.

Formas práticas de aumentar sua lista de contatos

Se você quer aumentar sua lista de contatos, devo adiantar que essa não é uma tarefa muito difícil, mas será necessária alguma cara de pau...

Quando tiver em mente o ramo em que deseja empreender, comece a ir atrás de eventos, palestras; visite as lojas, marque conversas, vá atrás das coisas! O método PQP é perfeitamente aplicável nesses momentos. Se você tiver *persistência* no caminho que deseja trilhar, *qualifique-se* para entrar no meio de seu interesse e vá à *prática*!

Busque auxílio com os mais velhos do ramo e não seja uma ameaça – não ainda. Procure pessoas mais experientes que você e nunca, em hipótese alguma, apresente-se como uma possível ameaça, mas sim como um futuro colega de profissão.

Conheça a história dos que vieram antes de você. Saiba como começou o mercado em que deseja atuar e sua trajetória.

Mantenha-se atualizado sobre o mercado, sobre as lojas que fizeram sucesso e sobre as que não fizeram; entenda o que aconteceu e isso lhe dará vantagem até mesmo sobre os mais velhos.

Informe-se, qualifique-se. Aquele que se prepara para os futuros movimentos do mercado e antevê possíveis situações tem maior chance de prosperar do que aquele que simplesmente ignora tudo ao seu redor e vive no estilo Zeca Pagodinho: *deixa a vida me levar*.

Contudo, não viva no futuro, mas no hoje. Viver um dia de cada vez é tão importante quanto se preparar para o futuro. Não adianta de nada ter uma visão de longo alcance se você é míope e não enxerga um palmo à frente.

Seus negócios devem refletir seus propósitos. Se você for desorganizado e sem foco, seus investimentos serão igualmente desorganizados e sem foco. Porém, se tiver bem claros na mente os seus propósitos e o seu destino, então seus negócios também serão claros, precisos e assertivos.

Mas nunca se esqueça de que antes de toda vitória existe uma queda. Portanto, compre um capacete, uma joelheira, uma cotoveleira e prepare-se para as quedas!

Prepare-se para as quedas

Se você seguir o método PQP, os 4Ps e o FDP, significa que você não terá nenhum problema no caminho? Se respondeu que sim, então você, de fato, precisa prestar mais atenção no que leu até aqui. Se respondeu não, então isso quer dizer que temos algo em comum.

Durante a jornada, precisamos estar preparados para eventuais quedas. E há algo que preciso deixar bastante claro: caso você queira crescer, investir e desbravar terras ainda desconhecidas, então *não tenha medo*!

O medo será seu pior inimigo em toda a jornada empreendedora. Dificuldades estarão à espreita em todos os instantes e tentar ignorá-las é, mais do que inocência, muita ignorância.

O mundo dos negócios é igual à vida. Existirão momentos de tranquilidade, em que tudo será fácil e leve, enquanto outros momentos serão semelhantes a tempestades e você se sentirá num simples barco a vela.

Nesses momentos, esteja certo de lançar sua âncora para resistir firmemente a todas as dificuldades. Apenas os fortes chegam à praia do sucesso.

Caso você tenha entrado no barco do empreendimento pensando que tudo seria às mil maravilhas, sinto dizer que ele não é um cruzeiro de férias, mas um navio cargueiro.

São os momentos de dificuldades que definem quem realmente estará e quem não estará no jogo. São essas situações difíceis que forjam nosso caráter e definem nossos caminhos.

Apenas quem sobrevive às tempestades da vida consegue encontrar felicidade nos dias mais simples e enxergar o sucesso no horizonte.

Quando cair, não permaneça no chão. LEVANTE!

Se você gosta de futebol, acredito que se identificará com o exemplo que darei:

Quando assisto a algum jogo, sempre espero o duelo de times que jogam para vencer e fico muito decepcionado quando, ao invés disso, vejo um duelo de times que jogam para não perder.

A mentalidade derrotista leva qualquer um ao fracasso. Se você se preocupa apenas com a chance de não perder, você já é um perdedor. Do contrário, se entra em campo com o intuito de vencer, ainda que perca, você já está do lado dos campeões.

A mentalidade de uma pessoa é um grande indicativo do lugar de onde ela saiu e para onde ela está caminhando. Não se esqueça, o sucesso deixa rastros. Uma mentalidade derrotista e perdedora não o levará a lugar nenhum, apenas o deixará preso à mesmice e à mediocridade.

Perspectiva de futuro e humildade devem sempre caminhar lado a lado. Saiba aonde você quer chegar, mas não aja como se já estivesse lá.

Nossa sociedade está repleta de pessoas cansadas de suas rotinas e do seu dia a dia, pois são pessoas que jogam para não perder. São pessoas sem ambição e sem perspectiva de futuro. Devemos, sim, viver um dia de cada vez, porém tendo em mente que cada dia que passa é um degrau que escalamos rumo ao nosso propósito.

Durante sua caminha empreendedora, com toda certeza, você irá cair. Eu caí, diversos outros empreendedores de sucesso inquestionável caíram. Você não será a exceção. Contudo, não fique no chão. Levante-se. Erga os olhos e veja mais adiante.

Sem ambição, a vida não tem como seguir em frente. Sem coragem para seguir, ainda que tudo esteja claro à sua frente, você acabará por não sair do lugar.

Coragem não é e nunca foi sinônimo de ausência de medo, mas sim de persistência apesar do medo. Seja motivado.

Muitas pessoas costumam dizer que a motivação não dura para sempre, e, de fato, elas não estão erradas. Porém, assim como temos de tomar banho todos os dias, a motivação também deve ser renovada diariamente.

CAPÍTULO 3

A arte de negociar: tudo que aprendi com vendas

A vida me ensinou que estamos num constante ato de negociação. Ao acordar, teremos de negociar quem terá prioridade no banheiro. Na hora do almoço, quem irá pegar primeiro a comida. A vida é recheada de negociações, e cabe a nós aprendermos a melhor forma de lidar com elas.

O dia a dia exigirá constantemente de nós essa habilidade de negociação. Ninguém irá perguntar se estamos preparados para isso. Ninguém se importa se estamos preparados, as coisas simplesmente acontecem, independentemente do que se acredita ser o melhor.

Se essa é uma lição que você ainda não aprendeu, sinto dizer que você será pisoteado na primeira dificuldade que aparecer. Tenha sempre em mente que, para que possa fazer uma coisa que ama, terá que fazer pelo menos dez coisas que odeia.

Em 2018, em meio a uma das maiores crises de abastecimento em razão da paralisação dos caminhoneiros, acontecia a Feira do Livro de Belém. Eram centenas de estandes aguardando a chegada dos livros, sem a menor perspectiva de quando isso ocorreria, levando em conta o bloqueio total das rodovias e o monitoramento pesado de quem passava, por parte dos caminhoneiros.

Diante disso, tive a ideia de alugar um ônibus de viagem, bem tradicional, e coloquei cerca de 12 toneladas de livros divididos em 620 caixas. No caminho, fomos parados por uma blitz. Nossos nervos estavam à flor da pele, mas passamos como se estivéssemos com passageiros a bordo.

Obviamente houve comentários sobre o ônibus estar muito baixo, mas nada que chegasse a ser um impeditivo para que continuássemos viagem. Por fim, chegamos com nossos livros e a Promolivros acabou ficando com a maior parte do lucro das vendas dessa feira.

Pense fora da caixa e encontre alternativas criativas para os problemas pelos quais está passando!

Veja o exemplo recente da Suíça: diante da pandemia de Covid-19, causada pelo novo coronavírus, a solução que o governo suíço encontrou para evitar que as pessoas estocassem álcool em gel além do necessário foi "brincar" com os preços do produto.

Assim, para evitar uma distribuição desigual, o governo estabeleceu os preços da seguinte maneira:

1 álcool em gel = US$ 2,00
2 álcoois em gel = US$ 4,00
3 álcoois em gel = US$ 95,00

Esses são apenas alguns exemplos de como escapar às adversidades. E é importante ter em vista as quedas que nos acompanharão durante o percurso, mas devemos estar sempre preparados para vender. Vender sempre e em qualquer situação ou circunstância. Nunca perder uma oportunidade de fechar negócio, muito menos de negociar.

O bom empreendedor está sempre atento ao que está acontecendo ao seu redor e ao que as circunstâncias oferecem.

Neste capítulo, vou buscar alguns exemplos e dicas práticos para os negócios. Procurarei ser o mais abrangente possível. Dessa forma, você poderá aplicar as dicas e os exemplos a qualquer área de seu interesse, embora seja necessária uma boa dose de sabedoria da sua parte.

Saiba analisar o que é e o que não é aplicável ao seu contexto, ao seu investimento, à sua possibilidade de correr riscos; seja consciente de suas limitações e também das limitações do seu ramo de interesse.

Talvez, regras facilmente aplicáveis ao ramo de livros não apresentem nenhuma eficácia no ramo de eletrônicos, por exemplo. Por isso: seja sábio!

E, com esse aviso, dou a primeira dica:

1 – Seja sábio

É sempre muito importante lembrar que não é prudente testar a profundidade de um rio com os dois pés. A sabedoria é a responsável por deixar as marcas no caminho do sucesso.

Ser sábio não se limita a ser experiente ou conhecedor de um vasto repertório literário, mas estende-se à capacidade de discernir as coisas. Discernir situações, sentimentos e momentos: essas são as reais características de uma pessoa sábia. Tenha discernimento para escolher as batalhas que deseja empreender e as que valem ou não a pena lutar.

Essa é uma virtude que pode ser um grande indicador do seu sucesso ou do seu fracasso. A sabedoria pode levá-lo em direção aos melhores negócios e investimentos, assim como também pode levá-lo ao fundo do poço.

Não tenha medo de arriscar, mas nunca deixe a sabedoria de escanteio. Afinal, não adianta nada ser sábio, mas não agir com sabedoria. Se você adquirir sabedoria, utilize-a!

2 – Conheça seu produto

Já perdi as contas de quantas vezes fui em alguma loja e me vi na constrangedora posição de explicar o produto para o vendedor.

Não seja o vendedor acomodado que quer apenas vender, independentemente do que for. Se qualifique e busque informação, busque conhecimento. Se você caiu de paraquedas em algum negócio que não é nem próximo da sua área, corra atrás do prejuízo.

Conheça seu produto, saiba qual sua importância e relevância para o mercado. Entenda por que as pessoas devem comprar determinado produto e por que elas devem comprar com você e com ninguém mais.

Bom, há a possibilidade de você estar vendendo algo não tão vantajoso e que não possua nenhuma utilidade imediata? Sabemos que sim, porém não desanime! Nessas horas, uma pitada de romantismo e sedução é bastante útil. Sim, você leu certo: romantismo e sedução!

Seduza os desejos de seu cliente. Mostre que ele precisa do seu produto. Não minta, mas romanceie a realidade. Saiba usar as palavras, saiba ser convincente. Um bom vendedor também deve ser um bom contador de histórias.

3 – Conheça seus clientes

Saiba qual é o seu público. Fique atento às pessoas que compram com você. Não tente apenas vender um produto, mas conheça seus clientes. Um cliente satisfeito é um cliente fidelizado.

Saiba o nome dele, conheça seus gostos, converse sobre alguns assuntos aleatórios; demonstre interesse! Não é raro alguém indicar algum estabelecimento não apenas pelos produtos que vende, mas pelos vendedores. Um bom atendimento é tão importante quanto um bom produto.

Eu, particularmente, conheço diversos casos de lugares que possuíam ótimos produtos, mas que faliram por um péssimo atendimento. Ou os clientes eram pessimamente atendidos, ou eram os atendentes que pouco conheciam dos produtos que eram responsáveis por vender.

Se você ou seu atendente não conseguirem convencer os clientes de que eles estão fazendo um ótimo negócio, então vocês já podem desistir do mundo dos negócios.

4 – Saiba contar histórias

Você deve estar se perguntando o que isso tem a ver com vendas, correto? Pois bem, deixe-me responder ao seu questionamento com outra pergunta: como você pretende vender algo se não tiver uma boa história?

Todo vendedor, empreendedor, empresário ou investidor deve, necessariamente, ser também um bom contador de histórias. E devo ressaltar algo um tanto polêmico: não há uma real necessidade de essas histórias serem verídicas, mas é de extrema importância que elas possuam aspectos da realidade. Explico.

Ao vender um perfume, você pode, por exemplo, contar alguma história de amor que envolveu o perfume em questão. A história de amor pode não ser real, porém, nessa história, você deve ressaltar o ótimo aroma do perfume, sua fabricação, a duração do odor na pele e coisas do tipo.

O vendedor e o contador de histórias podem inventar situações, mas não mentir sobre a realidade. Quem usou ou o que se falou sobre o seu produto pode perfeitamente ser uma mentira, porém não minta sobre a qualidade do produto. Use de mentiras para evidenciar a verdade!

5 – Fidelidade

Seja fiel aos clientes que você fidelizou. Seja sempre sincero e atencioso. Saiba negociar com cada cliente específico.

Se você os conhecer, saberá o que agradará cada um deles e como garantir o melhor negócio para eles e para você. Contudo, nunca se esqueça daquilo que já falamos no capítulo 2: ainda que seja possível encontrar bons amigos no ambiente de trabalho, nunca se esqueça de que ainda é um ambiente de trabalho.

Agradar seus clientes correndo o risco de fragilizar o seu lucro não vale a pena. Conheça-os e seja fiel a eles, garantindo boas opções de compra e qualidade nos produtos, mas nunca priorize os clientes em detrimento do lucro. Se você não tiver lucro nenhum, não fará diferença ter ou não algum cliente.

O Labirinto de Creta dos negócios

Se você estiver familiarizado com mitologia grega, com certeza já tem alguma ideia sobre quem vou falar. Caso você não tenha essa familiaridade, não tem problema, eu explico.

A ilha de Creta é parte do cenário da famosa lenda do Minotauro. Nessa ilha, o rei Minos construiu um labirinto onde, de tempos em tempos, colocava sete rapazes e sete moças para servirem de alimento ao Minotauro, a vil criatura que habitava o labirinto e possuía corpo de homem, cabeça de touro e a fome de um deus.

Aqueles que eram enviados ao labirinto de Creta sempre tentavam escapar, mas ou se perdiam e morriam de sede e fome ou eram devorados pela fera.

Certa vez, um homem chamado Teseu, com a ajuda de Ariadne, filha do rei Minos, candidatou-se para ser um dos sete rapazes a serem lançados no coração do labirinto. A intenção de Teseu era tornar-se um herói e matar o Minotauro.

Por incrível que pareça, matá-lo foi a tarefa mais simples, escapar do labirinto é que não foi. No entanto, graças à ajuda de Ariadne, Teseu conseguiu sair usando um novelo de lã que foi deixando pelo caminho e que serviu para que se guiasse à saída.

Perceberam que Teseu apenas conseguiu superar seus objetivos graças ao método PQP? Ele foi *persistente* em seus objetivos, *qualificou-se* para enfrentá-los e pôs em *prática* o que aprendeu até o fim. Ele foi bem-sucedido, e você também pode ser!

Imaginemos que o labirinto de Creta são os nossos investimentos e o Minotauro seja as dificuldades iniciais. Caso tenhamos bem claras nossas perspectivas e nossos objetivos, matar o Minotauro, ou seja, superar as dificuldades iniciais, não será um problema. Contudo, caso não nos qualifiquemos para ultrapassar o labirinto da negociação, então sim teremos um grande problema.

É necessário, na hora das negociações, não se esquecer das três letrinhas que apresentei a você lá no início do livro: FDP. *Filtre* muito bem a situação e o perfil do seu cliente; tenha *Determinação* para enfrentar essa negociação e seja *Perspicaz*. Não há situação que você não possa vencer se agir com calma e viver um dia de cada vez.

Não tenha medo de investir, nem tenha pressa. As chances de Teseu matar o Minotauro e sair vivo do labirinto eram as mesmas de todos os outros jovens que lá estavam. Contudo, ele, diferentemente dos outros, se preparou e não desistiu.

Ele sabia que existiam poucas chances de sucesso naquela empreitada, mas, caso fosse bem-sucedido, os resultados seriam maiores do que qualquer um poderia imaginar.

Da mesma forma devemos fazer em nossos empreendimentos. Algumas situações podem parecer loucura para a grande maioria das pessoas normais, mas, se existir a perspectiva de sucesso e você tiver tudo para aplicar o método PQP, não há motivos para não arriscar. Pessoas normais trabalham com o ordinário. Apenas pessoas especiais trabalham com o extraordinário.

Devemos saber que, antes de entrar no labirinto, nosso maior problema não será o Minotauro, mas sair vivo do labirinto. Os problemas assustam pessoas pequenas e fracas, mas quem os supera fica mais forte e preparado para situações piores e maiores. Para quem enfrentou e venceu o Minotauro, qualquer outro desafio fica fácil.

Aguentar as investidas do Minotauro e permanecer de pé é o menor dos problemas. Nessa primeira parte, apenas é necessária a força física, porém sair do labirinto de Creta demanda raciocínio, tempo, criatividade e paciência. Apenas as pessoas preparadas para essas situações conseguem sair ilesas.

Nos seus negócios será da mesma forma. As dificuldades chegarão como uma avalanche, mas, via de regra, elas passarão rápido. Porém, as sequelas muitas vezes ficarão e superá-las é que será o verdadeiro desafio. Sair do labirinto é a verdadeira prova de resistência.

CAPÍTULO 4

Aprendendo a nadar com tubarões: como lidar com a concorrência

A vida aí fora é completamente diferente da sala do seu apartamento. Você não terá a oportunidade de apagar suas burradas com alguma borracha mágica. A cada erro que você cometer, um item será acrescido à lista de cagadas.

No mundo dos negócios não é diferente: a concorrência é cruel, seja no mercado interno ou externo. A principal dica que eu posso lhe dar é não sangre! Se você não aguenta porrada, repense seu desejo por empreender.

Já passei por empresa de família e empresas de pequeno e médio portes, por isso tenho autoridade para comprovar que, nesse mundo, o filho chora e a mãe não vê. Sei que não é a regra, mas não é difícil se deparar com assédio, exploração e abuso em empresas em que o dono ainda está aprendendo a ser um empresário.

Eu me recordo de um Natal em que fui o último funcionário a sair. Havia ficado para emitir as notas e conseguir fechar o faturamento, o que me daria uma ótima comissão, e, obviamente, eu tinha interesse direto nisso.

Ao final do expediente, pedi o valor da passagem para o meu patrão, mas ele me deu apenas um sonoro e claro *não*. Sem muitas opções, fui obrigado a voltar andando para casa. Foram dez quilômetros a pé. Voltei chorando o caminho inteiro e decidido a mudar minha vida.

Se tem uma coisa que aprendi com tudo isso foi o seguinte: não tenha medo, tenha raiva.

Todo mercado possui concorrência e disputa de território. Não pense que com você será diferente, pois não será. Você entrará em algum ramo pelo qual, com absoluta certeza, outras pessoas já passaram e muitas delas têm mais experiência que você.

No final das contas, você não passará de um peixinho nadando sozinho num mar de tubarões. Por isso, cautela e instinto de sobrevivência são importantíssimos para todo e qualquer investimento. Saber suas limitações e imprescindível para que não sucumba ao fracasso.

Contudo, como todo e qualquer investidor, queremos lucrar, e mais cedo ou mais tarde teremos de lidar com a concorrência, ou, para mantermos o exemplo, teremos de lidar com os tubarões.

Se você seguir os passos que indiquei até aqui, então esse não será um problema real para você. Afinal de contas, como já falei anteriormente, fazer contatos e conhecer histórias é muito importante para a sua própria sobrevivência.

> "Aquele que se empenha em resolver as dificuldades resolve-as antes que elas surjam. Aquele que se antecipa em vencer os inimigos triunfa antes que as suas ameaças se concretizem."
>
> Sun Tzu, *A arte da guerra*

Saber as dificuldades enfrentadas por pessoas mais experientes irá ajudar você a sobreviver não apenas às investidas do mercado, mas às próprias investidas dos velhos tubarões do mercado. Mantenha sempre os seus inimigos por perto e seja cauteloso.

Usando a concorrência a seu favor

Existem diversas maneiras de lidar com a concorrência, e uma delas é utilizando-a a seu próprio favor. Use a concorrência para ganhar dinheiro!

Um exemplo prático disso são as batalhas de marcas que vemos constantemente nos Estados Unidos. Com certeza absoluta, você já viu algum comercial estrangeiro da Pepsi provocando a Coca-Cola, ou do McDonald's provocando o Burger King. Essas intrigas e provocações são excelentes jogadas de marketing para ambas as marcas.

Intrigas públicas, quando bem-feitas e com um foco no marketing, possuem grande potencial de se tornar uma campanha de sucesso para ambas as marcas, por isso tantas se engajam nesses duelos. Entretanto, essa forma de propaganda provocativa não é muito comum no Brasil e, por isso, é necessário que trabalhemos de maneira distinta. Por sorte, no entanto, existem bons exemplos que podemos aproveitar.

Um deles é um clássico comercial da cervejaria Bohemia. Nele, está acontecendo uma festa e os donos da cervejaria estão todos presentes e conversando com um jovem que, ao que tudo indica, é o marqueteiro da cervejaria. Todos estão elogiando o trabalho dele, até que ele diz: "Agora, o próximo passo é colocar algumas mulheres de biquíni no comercial". O argumento, do rapaz é que todas as outras cervejarias fazem isso e, portanto, eles deveriam fazer também. Rapidamente, um dos senhores que está com ele diz: "Ótimo! Quem quiser assistir a um bom comercial, assista ao das outras marcas. Agora, quem quiser uma boa cerveja toma a nossa".

Essa é uma boa forma de ser provocativo sem atacar diretamente nenhuma marca específica. Isso mostra ao espectador que existe uma confiança da marca e chama a atenção do público.

Mas preste atenção em algo muito importante: saiba vender o seu produto! Não tente mostrar algo na propaganda que não seja verdade. Se você fizer isso, sua propaganda pode até ser boa, mas, com o tempo, as pessoas perceberão sua mentira e você acabará por cair no ostracismo. Seja honesto com seu público, sempre.

Trabalhando com a concorrência

Outro exemplo fantástico é, literalmente, trabalhar junto com a concorrência. Um modo de fazer isso e chamar a atenção para a sua marca, por exemplo, é sendo ativo nas redes sociais, assim como fizeram a Pizza Hut, a pizzaria Domino's e outras redes.

Uma postagem no famoso perfil do Instagram *O Chapolin Sincero*, com uma foto do rosto do Chapolin Colorado trazia os seguintes dizeres: "Por que pizzaria só abre à noite? Toda hora é hora de pizza", acabou viralizando na internet. Rapidamente, o perfil oficial da Domino's comentou, com ar cômico, que eles concordam e é por isso que ficam abertos o dia inteiro. Para finalizar, eles ofereceram à equipe do perfil um almoço com todas as despesas pagas. Isso, por si só, já é uma ótima sacada de marketing – mais à frente comentarei sobre o envolvimento com as mídias sociais –, porém a página *O Chapolin Sincero* sugeriu que a pizzaria doasse essas pizzas a moradores de rua.

O desafio foi aceito, e diversas outras redes como Pizza Hut e McDonald's, com o auxílio da hashtag *#ChapolinChallenge*, se uniram para distribuir comida para moradores de rua. Ações como essa levantam o moral das marcas e ajudam a impulsionar as vendas.

Saiba trabalhar com a concorrência. Encontre formas criativas e éticas de usar seus concorrentes a seu favor. Ética, criatividade e assertividade são as marcas de um bom empreendimento e de um empreendedor de sucesso.

Usando o boca a boca a seu favor

Ainda que existam diversas outras formas de publicidade, o marketing orgânico ainda é, na minha opinião, o melhor de todos. Melhor do que gastar dinheiro com propaganda e mídias sociais é saber onde vender seu produto e deixar que as pessoas façam o resto.

Se você souber qual é seu público, qual é o interesse dele e onde ele está, você já tem tudo para chegar ao sucesso. Um cliente satisfeito é um cliente fidelizado e, necessariamente, será um marqueteiro gratuito que você irá ganhar.

Com certeza ele indicará sua loja ou seu produto para algum familiar, amigo ou colega de trabalho. Se pelo menos um cliente conseguir levar outro amigo para gastar em seu comércio, se você tiver apenas vinte clientes, em pouco tempo terá, pelo menos, quarenta; agora, imagine isso crescendo cada vez mais.

Utilizar a propaganda, as mídias sociais e todas essas ferramentas é muito bom, mas essas não são as únicas maneiras de conseguir sucesso em seu empreendimento.

Aposte num bom produto, num preço justo e encontre seu público, ou seja, aplique os 4Ps e você conseguirá se sustentar, mesmo que esteja rodeado por tubarões.

Com o tempo, você deixará de ser um mero peixinho e se tornará um grande tubarão. Você baterá de igual para igual com seus concorrentes e, se souber impor respeito, eles deixarão de ser um problema. Saiba lidar com as dificuldades e seus inimigos se tornarão aliados.

Um marketing orgânico é um diferencial para qualquer comércio, pois evidencia duas coisas:

a. que há algo em seu empreendimento que os demais não possuem. Quando você chama a atenção da concorrência, quer dizer que você está fazendo a coisa certa;

b. que seu produto é realmente bom e está sendo vendido de modo adequado. Você ou seus vendedores conhecem o produto com que trabalham e sabem vender o próprio peixe. Afinal, nunca esqueça que um vendedor é, antes de tudo, um contador de histórias.

Ter muitos acessos, compartilhamentos e comentários nas redes sociais não é um indicativo de sucesso. É plenamente possível e até mesmo normal que páginas muito movimentadas não gerem clientes.

Tráfego nas mídias sociais não é sinônimo de fluxo de caixa. Uma boa curadoria de marketing digital pode ajudar o seu empreendimento? Obviamente, porém não será ela que trará vendas e uma perspectiva de sucesso.

As mídias sociais são uma ótima ferramenta que pode e deve ser utilizada a favor do seu empreendimento, mas não se limite a elas como se fossem a única opção.

O mercado existe desde antes da internet e permanecerá existindo mesmo que um dia ela acabe. Afinal de contas, não é a internet que move o mercado, mas o mercado que move a internet.

Lições aos meus alunos

Em todos os meus anos de mercado livreiro e com minha experiência com vendas, aprendi diversas coisas importantes. Porém, se eu tiver de resumir tudo em poucas linhas, diria que o mais Importante é: saiba onde perder sua cabeça.

Aquela história de que o cliente sempre tem razão talvez seja uma das mentiras mais nefastas já inventadas até hoje. Nem sempre o cliente tem razão, e digo isso com propriedade; por óbvio que, além de empreendedor, também sou o cliente de alguém e foram poucas as vezes em que realmente tive razão.

O dever do bom vendedor é mostrar ao cliente que, na hora da venda, ele e não o cliente é o especialista. Mostre isso de modo humilde e educado. Convença seu cliente, seduza-o a crer em você e mostre que você quer o melhor para ele e não meramente vender qualquer coisa apenas para ganhar dinheiro.

Convença-o de sua honestidade; a partir disso, você criará uma rede de relacionamento com seus clientes que fará com que eles retornem para comprar com você, ainda que outras lojas ofereçam um preço mais acessível.

Se um produto de ótima qualidade for vendido a um preço muito abaixo do mercado, mas for oferecido por meio de um péssimo atendimento, as pessoas vão evitar seu investimento a qualquer custo. No entanto, se você oferecer um ótimo produto e um ótimo atendimento, ainda que seu preço seja um pouco acima da média, você terá uma vantagem sobre a concorrência.

Hoje em dia, com o avanço da internet, não é mais necessário que as pessoas frequentem lojas físicas. É plenamente possível fazer compras de mercado, comprar livros, roupas e uma diversidade de coisas por aplicativos e ferramentas afins.

Sendo assim, quando um cliente faz questão de ir à livraria, ao mercado, à padaria e às mais diversas lojas físicas existentes, ele deseja, acima de tudo, um bom atendimento. Ele deseja fazer parte do seu negócio e se sentir importante para a perpetuação dessa cultura.

Prova disso são as livrarias. Não é mais necessário ir às livrarias para adquirir livros, tanto que elas mesmas têm investido no e-commerce; porém, ainda que o fluxo de pessoas tenha diminuído, ele não cessou, e acredito que nunca cessará. Ainda existem pessoas que se interessam por ir à livraria e conversar com os livreiros que entendem do que estão vendendo.

Cativar seu cliente é um escudo para resistir às possíveis investidas da concorrência. Caso você comece a incomodar – e saiba que irá, se tiver foco e persistência para fazer um bom trabalho –, ter clientes fidelizados pode salvar você: eles podem ser sua âncora durante as tempestades.

CAPÍTULO 5

Foco, força e foda-se: correndo riscos

"Tome cuidado!", "Não vá por aí!", "Dê dois passos para trás!", "Você pode se arrepender!". Se você é um empreendedor, com toda certeza já ouviu ou ainda ouvirá alguma dessas frases e outras ainda mais desencorajadoras.

Ouça meu conselho: ignore-as! Muitas vezes elas estarão certas e, provavelmente, você pode estar, de fato, prestes a cometer uma loucura e as chances de tudo dar errado podem, realmente, ser bastante palpáveis, mas se forem essas as decisões necessárias para chegar ao lugar que você deseja: foda-se!

Como meu avô costumava dizer, "corra pro abraço!". Por diversas vezes eu me envolvi com negócios de alto risco e em sua grande maioria extremamente perigosos. Alguns deles deram errado e outro deram muito certo.

O que você precisa ter em mente é que só descobrirá se algo vai ou não dar certo se tentar. Ainda que muitos tentem utilizar bolas de cristal, eu tenho uma notícia não muito boa para você: elas não funcionam!

Previsões do mercado financeiro e da sua área de atuação são importantes, mas, ainda assim, não são elas que vão ditar o sucesso ou o insucesso de seu investimento. Como diz o velho ditado, tenha sempre um olho no peixe e outro no gato. Seja cauteloso, mas nunca perca seus objetivos de vista. Caso seja necessário arriscar tudo para alcançar seus sonhos e objetivos, então faça!

Foco

Foco, perspectiva e determinação: nunca tire essas palavras da sua mente. Elas vão ajudar você a se manter na direção necessária para alcançar seus objetivos.

Há uma clássica entrevista que Bill Gates deu ao David Letterman em 1995, onde o apresentador não poupou piadinhas sobre a grande novidade do momento e grande aposta de Gates: a internet.

Para Letterman, era apenas mais uma moda passageira e que não valia o investimento, mas Gates tinha foco, força e, com todas as forças do mundo, apertou o botão "F" de foda-se para as opiniões alheias. Ele tinha a plena consciência de que aquela era a aposta certa no momento e ignorou todas as vozes contrárias. Ele ignorou todos que diziam ser algo impossível, foi lá e fez acontecer!

Colocar-se como uma voz que clama no deserto é comum aos grandes empreendedores e investidores de sucesso. Todo gênio é tido, em algum momento de sua jornada, como louco por uma sociedade que não vê na mesma direção que ele.

Einstein disse certa vez que não sabia se o louco era ele ou os outros ao seu redor. O homem que desenvolveu a teoria da relatividade, uma revolução para o século XX, foi considerado, por muitos, um louco, mas, assim como todo homem de sucesso, teve *foco* em seus objetivos, *força* para enfrentar as dificuldades e disse *foda-se* para tudo o que seus críticos diziam.

SAIBA QUEM ESTÁ DO SEU LADO

Existem algumas frases que rodam por aí, internet afora, que são de uma genialidade fantástica. Uma delas, que inclusive já citei neste livro, é aquela que diz o seguinte:

> Quer chegar rápido? Vá sozinho.
> Quer ir longe? Vá com amigos!

Conheça as pessoas que caminham com você. Crie vínculos, faça amizades e fortaleça os elos entre as pessoas que caminham com você. Não há a menor possibilidade de chegar a nenhum lugar sozinho.

Às vezes, no meio da tormenta, será imprescindível o apoio de alguém, seja seu cônjuge, algum familiar ou seu melhor amigo. Precisamos nos apoiar em algo ou, ao menos, em alguém.

Sempre foi consenso entre os antropólogos que o ser humano não pode viver isolado. Não à toa que um dos castigos utilizados com prisioneiros é trancafiá-los na solitária. Isolar alguém do convívio social é impedi-lo de ser humano.

Nunca caminhe sozinho e tenha sempre alguém por perto. Na hora de jogar tudo para o alto e apostar em algum investimento de risco, é necessário ter alguém ao seu lado, seja para lamentar pela derrota ou para comemorar o sucesso. Subir a mais alta montanha sem ter com quem dividir a vista de todas as coisas do alto não serve de nada.

Se o seu investimento for pequeno, como uma vendinha de bairro, por exemplo, tenha bons funcionários. Selecione-os a dedo e tenha-os sempre por perto. Caso você seja um bom líder, eles permanecerão com você, mesmo nos momentos difíceis; caso não seja, você permanecerá sozinho. Por isso, incentive seus funcionários. Elogie-os quando forem dignos de elogio e repreenda-os quando necessário.

Apenas alguém que, de fato, se preocupa com você é que irá repreendê-lo. Quem repreende por um erro deseja que a pessoa melhore e nunca mais cometa esses erros novamente. Aquele que o corrige deseja ver a melhor versão de você.

Seja seletivo em suas amizades. Se alguém deseja, com todas as forças, caminhar para uma direção completamente contrária da sua, por mais que seja uma boa pessoa e uma amizade agradável, ela não poderá acompanhá-lo e nem você a ela.

Por isso, escolha amizades que caminham na mesma direção que você. Esteja cercado por pessoas que se importam com o que você pensa e que possuem as mesmas ambições. São essas as amizades que o impulsionarão para mais longe.

Força

Ouvir um não, muitas vezes, pode ser mais doloroso do que um soco no estômago. É necessário que estejamos preparados para suportar as investidas que iremos receber das circunstâncias e das pessoas ao nosso redor. Nessas horas, funciona trazer à memória a fala de outro clássico do cinema: Rocky Balboa!

> "Ninguém vai bater tão forte quanto a vida. Mas não se trata de bater forte, se trata do quanto você aguenta apanhar e continuar seguindo em frente. O quanto você é capaz de aguentar e continuar tentando. É assim que se consegue vencer."

A única forma de possuir forças para continuar é ter convicções fortes. A não ser que você, de fato, acredite naquilo que diz acreditar, você não será capaz de suportar as investidas da vida e as dificuldades inerentes à posição de empreendedor.

Se o seu propósito de existir não for claro, tampouco será clara a sua jornada. Se você não descobrir quem você é, ninguém poderá fazer isso por você.

Conhecer-se é o primeiro passo para se levantar e seguir em frente após levar um tombo. As palavras de Rocky são do tipo que precisam ficar marcadas na parede, em nossas mesas de trabalho, no boxe do banheiro e em nossas mentes. Realmente, não faz diferença o quão forte conseguimos bater, mas o quanto aguentamos apanhar.

Se manter de pé, com a cabeça erguida e o coração pulsando, é isso que define um vencedor. Foi isso que definiu a caminhada de gênios como Steve Jobs, Bill Gates, George Soros, Jorge Paulo Lemann e tantos outros que conquistaram seu espaço na história.

Nos dias atuais, é comum conhecermos pessoas que desejam a fama e o estrelato, mas não pensam nas dificuldades. Olhamos para os vencedores, mas ignoramos suas jornadas.

Cada pessoa é única. Cada indivíduo possui uma particularidade que o define como um ser humano especial. Da mesma forma, cada indivíduo encontrará em seu caminho dificuldades que se encaixarão com sua própria existência e personalidade.

Livros como este não o ajudarão em cada milímetro da sua caminhada, apenas apontarão caminhos comuns a todos, mas é você quem deve discernir o certo e o errado nessa caminhada.

A estrada não está pronta, ela é feita conforme o nosso caminhar, portanto, não pare, não desista. Se caminhar faz o caminho, quando paramos de andar, perdemos o sentido de tudo ao nosso redor. Não pare, não desista, persista!

Pense antes de agir

Precisamos ser fortes e corajosos para resistir às dificuldades, porém não podemos ser insensatos. Devemos aprender a prever as dificuldades e nos preparar para elas.

O bom marinheiro não é aquele que sabe tudo sobre barcos, mas aquele que tem intimidade com o mar; de igual forma, o bom piloto de avião não é aquele que leu todos os livros e fez todos os exercícios, mas aquele que deu a cara a tapa e aproveitou ao máximo as aulas práticas. Saber teoria é bom e importante, mas ter vivência é melhor.

A vivência é o que nos permite discernir a atmosfera das coisas. Por exemplo, alguém que trabalha há anos no mercado financeiro terá mais facilidade de prever uma possível queda da Bolsa do que alguém que sabe tudo sobre economia teórica.

Por essas e outras, é extremamente importante ter contatos, amizades. Ainda que você não consiga ter uma vivência prática, pelo menos conseguirá conviver com as pessoas que a tiveram. Aprender a teoria e a prática ao mesmo tempo pode colocar você à frente da concorrência e prepará-lo para as dificuldades.

Estar preparado para as dificuldades demonstra o tamanho da sua força e aponta para o caminho que você está trilhando. Se o sucesso abre caminhos, é a força que pavimenta a estrada. Uma palavra bastante utilizada hoje em dia e que deve estar sempre presente em momentos difíceis é *resiliência*.

Uma pessoa resiliente é aquela que suporta as pressões no trabalho, no convívio social e comercial, mas não cede a elas. Não se esqueça: é mais sobre o quanto você consegue apanhar do que o quanto você consegue bater.

Foda-se

Por fim, um leve toque de anarquia é de suma importância para que as coisas caminhem bem, e, quando digo isso, me refiro ao seu psicológico. Se algo começar a ocupar sua mente ao ponto de tirar seu sono e sua paz interior, faça-se um favor e aperte o *F* de foda-se e continue. Muitas vezes, as dificuldades que aparecem em nossa frente e que fazem muitos desistir são impostas não pelas situações da vida, mas por nós mesmos.

Em grande parte das vezes, nós é que somos nosso maior inimigo, por isso, quando chegar o momento em que muitos "e se" começarem a pipocar em sua cabeça, simplesmente ignore-os.

Possibilidades e realidades são coisas distintas. Enquanto as possibilidades ficam no campo da imaginação e das probabilidades, a realidade fica no campo do aqui, do agora e do foda-se.

Preocupe-se com o futuro, pense nas possibilidades e nas possíveis quedas, mas não deixe que elas o impeçam de caminhar. Simplesmente siga em frente, e se alguém disse que esse é o caminho errado, mesmo você tendo claro que é aquele o caminho certo, diga um foda-se – educadamente, claro.

Tenha foco nos seus objetivos, seja forte para enfrentar as afrontas do dia a dia e aperte o foda-se para os seus medos e para os críticos de plantão. Ninguém fará melhor o que você pode fazer por você mesmo. Não deixe que pessoas alheias à sua realidade critiquem seu trabalho e seu esforço.

Não permita que a pouca fé dos perdedores o impeça de alcançar seus objetivos. Lembre-se: ser um vencedor não pode ser uma possibilidade, deve ser uma realidade. Não podemos trabalhar com probabilidades, mas com objetivos concretos e determinação.

Pense primeiro em você

Muitos podem chamar isso de egoísmo, e, de fato, é isso mesmo. A filósofa Ayn Rand, autora do best-seller mundial *A revolta de Atlas*, defende o que chama de egoísmo filosófico. Basicamente, ela diz que devemos valorizar a nós mesmos e, portanto, lutar pela nossa felicidade. Afinal, o indivíduo é, de fato, a maior minoria do mundo.

> "O mundo que você anseia pode ser conquistado. Existe, é real, é possível, é seu."
>
> Ayn Rand

Esse egoísmo filosófico que Rand sugere é essencial para que você consiga desenvolver seus negócios. Seu empreendimento dos sonhos só será real se, acima de tudo, você buscar aquilo que deseja, se buscar sua felicidade.

Embora egoísmo seja uma palavra pejorativa para a nossa sociedade, na realidade ela não é. Sem egoísmo não chegaríamos aonde estamos. Se Steve Jobs não fosse egoísta em dividir suas ideias, talvez hoje ele não fosse conhecido como criador da Apple, ou, pior ainda, talvez nem fosse conhecido. Sem esse instinto de autopreservação, sem esse egoísmo, nenhum de nós estaria aqui hoje.

Pensar primeiro em você e simplesmente ignorar o pessimismo das pessoas que não suportam o sucesso alheio e preferem criticar tudo e todos não é algo ruim. Na verdade, é algo necessário e de extrema importância. Nunca se esqueça disso!

CAPÍTULO 6

A grande virada: de funcionário a empresário

Às vezes as pessoas me perguntam como foi essa virada em minha vida em que, de funcionário, transformei-me num empresário bem-sucedido. Para ser sincero e acabar por destruir a fantasia de algumas pessoas, não existiu tal virada. As coisas nunca acontecem a partir de processos súbitos e repentinos, mas sim a partir de processos lentos e, muitas vezes, bastante demorados.

Eu não fui dormir como um simples funcionário e acordei empresário. Não, essas coisas levam tempo. Eu precisei ir ao labirinto de Creta, enfrentar o Minotauro sozinho e descobrir como sair daquele labirinto. Muitas vezes, mesmo depois de ter começado a empreender, eu não sabia a diferença entre ser um empregado e um empregador. É necessário muito trabalho duro e estar predisposto a viver sem luxo.

Noites sem dormir, trabalhando no estoque, e, durante o dia, correndo por toda a cidade de São Paulo para fechar contratos, vendas, parcerias. Descanso, por muito tempo, deixou de ser uma realidade em minha vida. Momentos de lazer com família e amigos tornaram-se escassos. Contudo, eu sabia que era esse o caminho que deveria ser traçado em direção ao sucesso e, portanto, persisti.

Neste capítulo tentarei ser um pouco mais prático, e, em vez de fornecer dicas de como superar dificuldades ou de como enfrentar emocionalmente os problemas, trarei dicas de como empreender.

Encontre algo entre o satisfatório e o lucrativo

Hoje em dia, vivemos uma época de extremos. De um lado, as pessoas dirão para você seguir completamente o seu coração; do outro, o aconselharão a buscar algo superlucrativo, sem pensar em realizações pessoais. Embora ambos os lados tenham seus motivos para pensar da maneira como pensam, acredito que nenhum dos extremos seja saudável. Os extremos nunca são bons lugares para fazer morada. Como diz o antigo ditado, “os extremos se tocam em suas extremidades”.

Em vez de romantizar a realidade ou partir para o utilitarismo desenfreado, por que não tentar uma terceira via? O equilíbrio é sempre o melhor dos dois mundos. Portanto, busque algo rentável e que gere satisfação pessoal para você. Una o útil ao agradável. Se você gostar do que faz, fará com mais alegria e, necessariamente, terá mais êxito nisso.

Descubra quem você é

Agora que já encontrou algo de que gosta e que pode gerar dinheiro, você precisa dar um passo um pouco maior e, ao mesmo tempo, menor: descubra quem você é! Pode parecer uma questão filosófica que o fará perder tempo, mas, na verdade, é uma questão extremamente prática e que, ao contrário, apenas fará com que você ganhe tempo.

"Se você conhece o inimigo e conhece a si mesmo, não precisa temer o resultado de cem batalhas. Se você se conhece, mas não conhece o inimigo, para cada vitória ganha sofrerá também uma derrota. Se você não conhece nem o inimigo nem a si mesmo, perderá todas as batalhas."

Sun Tzu, *A arte da guerra*

Saber quem você é ajudará a saber a direção que seu empreendimento irá seguir. Caso você seja uma pessoa mais reservada, calma e paciente, provavelmente seu negócio terá um crescimento lento e calmo. Se você é do tipo que dorme duas horas por noite e trabalha na hora do almoço, talvez um negócio mais ousado e com maior risco seja o que você precisa. Contudo, você apenas descobrirá o caminho que deve seguir se conseguir responder à clássica pergunta: quem você é?

Em muitos exercícios e dinâmicas de grupo, é mais do que comum que a pessoa que está guiando o grupo pergunte para alguma das pessoas presentes quem ela é; por sua vez, a resposta mais comum é a pessoa dizer seu nome e, logo em seguida, o guia dizer que a resposta está errada. O que me incomoda nisso tudo é que não necessariamente essa é uma resposta errada.

As culturas orientais sempre valorizaram os nomes. O nome de uma criança definiria quem ela seria e, por consequência, sua história. Ou seja, a resposta para quem era ela era, necessariamente, seu nome. O nome é a definição da individualidade de uma pessoa e, portanto, é a definição de quem ela é.

Saiba quem você é! Se conheça e se entenda. Ninguém no mundo irá conhecê-lo melhor do que você mesmo. Ao conhecer-se, você conseguirá, então, definir o caminho que deverá seguir e qual será o ramo certo para empreender.

Estude!

Após definir o campo em que deseja empreender e ter descoberto quem você é, chegou a hora de estudar. Conheça mais sobre o mercado, sobre como funcionam os investimentos da sua área de interesse, os que deram certo e os que não deram. Descubra quais as melhores épocas do ano para investir e abrir investimentos, faça pesquisas de campo, vá atrás de cursos. Sem qualificação pessoal e profissional, você não será nada nessa vida.

Se você não tem tempo para matricular-se num curso e não sabe por onde começar a estudar, é essencial ter em mente algumas coisas. Primeiro e mais importante de tudo, tenha foco e disciplina. Sem isso, você não sairá do lugar para nada na sua vida. Em segundo lugar, caso você não tenha, em seu horizonte de possibilidades próximas, a perspectiva de construir uma equipe que vá ajudá-lo no caminho dos negócios, você precisará saber um pouquinho de tudo.

Calma, vou desenhar um pouco para que você não se perca. Lembra dos *4Ps*? Pois bem, eles podem guiá-lo.

PRODUTO	⟶	*Design*
PREÇO	⟶	*Finanças*
PONTO	⟶	*Conhecimento de mercado*
PROMOÇÃO	⟶	*Pensamento financeiro estratégico*

Para saber o produto que você deve vender, conhecer algo sobre design é de suma necessidade. Design, diferentemente do que pensa o senso comum, é a resolução de problemas. Portanto, um bom produto é aquele que resolve problemas de muitas pessoas ou que supre uma grande necessidade.

Para saber qual preço cobrar e estar alinhado com o mercado, saber de finanças é indispensável. O produto que você irá vender deverá cobrir seus gastos, gerar lucro e pagar suas contas, portanto, nada de inventar preços aleatórios da sua cabeça.

Saber mais sobre os lugares onde você irá atuar, conhecer seus potenciais clientes, está intimamente ligado a um bom conhecimento do mercado. Tenha certeza de que, com raríssimas exceções, alguém já teve a ideia genial que você pensa ter. Por isso, seja humilde e conheça o mercado. Veja o que deu certo e o que falhou. Isso o ajudará a sobreviver.

Se quiser promover corretamente o seu produto, saiba oferecê-lo no momento propício, e, se esse momento não existir, crie-o! Contudo, para isso, é indispensável ter um pensamento estratégico com suas finanças. Educação financeira é a chave para fugir dos apuros.

Seja organizado

Após esse período de preparo, organize tudo aquilo que você adquiriu. Se preciso for, coloque em planilhas as análises do mercado, os aprendizados com a concorrência, os novos conhecimentos em marketing e design. Seja proativo e organizado. Saiba qual é seu objetivo e organize-se para alcançá-lo.

Muitas das coisas que digo aqui podem parecer repetitivas para mentes desatentas e desinteressadas, porém aqueles com mentalidade empreendedora, aqueles que nasceram para ser vencedores, protagonistas, vão notar que, assim como diz o autor do best-seller *O poder do hábito*, a repetição das coisas nos ajuda a internalizá-las. Portanto, repetir métodos e conselhos nada mais é do que tentar internalizá-los em você, leitor.

> "É assim que a força de vontade se torna um hábito: escolhendo um certo comportamento de antemão e seguindo uma rotina quando um ponto de inflexão surge."
>
> Charles Duhigg, *O poder do hábito*

Nada é por acaso. Nunca é e nunca será, por isso, esteja preparado. Uma pessoa organizada e prevenida vale mais do que um time completo da melhor empresa do mundo. O bom líder é aquele que sabe para onde está indo e tem nítido em sua mente aonde irá chegar.

Vendendo seu peixe!

Agora que tudo está internalizado e muito bem organizado, venda seu peixe! Vá falar com possíveis investidores, vá fazer contatos, crie laços. Conheça as pessoas que irão ser colegas de profissão e os que serão inimigos. Porém, mesmo os inimigos, como já disse sabiamente dom Vitto Corleone, de *O Poderoso Chefão*, são ótimas companhias.

> "Mantenha seus amigos por perto. Seus inimigos mais ainda."
>
> Dom Vitto Corleone, *O Poderoso Chefão*

Saiba sobre o que você está vendendo e, se não souber muitas coisas, pelo menos seja um bom contador de histórias. Você não precisa saber tudo que há para se saber sobre o produto *x*, mas é importante que você saiba apresentá-lo às pessoas. Crie histórias, crie situações, imagine possibilidades e use-as para vender.

Melhor do que esperar as oportunidades aparecerem é criá-las. Quem toma as rédeas da situação é menos suscetível a ceder na hora do aperto. Por isso, saiba se virar em qualquer lugar. Seja como o camaleão e adapte-se. Quem não se adapta acaba morrendo.

Mãos à obra

Por último, junte tudo o que você adquiriu nas últimas cinco dicas e vá trabalhar! Coloque a mão na massa e arrisque-se. Como já dissemos antes, toda teoria só se faz válida quando posta à prova. Por isso, de nada adiantará conhecer muito sobre o mercado mas estar distante dele.

Conhecer seu cliente é de suma importância, mas não mantenha um relacionamento à distância. Saber onde se encontra seu público é importantíssimo, mas não saiba apenas pelo Google Maps, vá ao campo de batalha e conquiste seu espaço.

As pessoas não darão um desconto por você ser novo no empreendedorismo. Na verdade, por você ser novo é que elas focarão em derrubar você, destruir você e eliminar seu nome da frente deles.

Ainda que seja plenamente possível fazer amigos no meio de trabalho, chegue sempre na ofensiva. Não trabalhe pensando em fazer amigos, mas em fazer dinheiro. As amizades e os relacionamentos virão com o tempo e com as experiências. Lembre-se: você trabalha para ganhar dinheiro, não para fazer amigos.

Levante-se agora mesmo da sua cadeira e mostre ao mundo para que você veio. Mostre seu potencial e ponha em prática suas ideias e toda a teoria que você adquiriu. Seja proativo e *ligue o foda-se*.

CAPÍTULO 7

Eliminando a concorrência: faça melhor do que eles

Eu me lembro de uma vez em que abri um ponto de venda que, a princípio, seria temporário. Após algumas semanas analisando o movimento e os possíveis parceiros, meu concorrente, que possuía um ponto fixo ali perto, veio me perguntar quanto tempo mais eu permaneceria por lá. Minha resposta não poderia ser outra. Olhei bem no fundo de seus olhos e disse: "Até você fechar as portas".

Faça melhor do que eles. Seja melhor. Nunca seja igual nem menor. É assim que funciona com o mundo dos negócios e, penso eu, com a vida também. Quem se iguala e aceita uma suposta nivelação está cavando a própria cova. Não somos iguais, nunca fomos e nem devemos buscar ser. Somos indivíduos com características específicas. Quando nivelamos nossas capacidades a partir das capacidades de outra pessoa, estamos nos sujeitando a ser uma versão malfeita de outra pessoa.

O conceito de concorrência traz a ideia de duplo. Se alguém concorre com você é porque esse alguém tem algo que você também tem. Ou seja, vocês estão no mesmo nível, e isso não é nada bom. Isso quer dizer que a concorrência é algo ruim? De modo nenhum! A concorrência é algo saudável e que melhora a qualidade dos produtos e serviços oferecidos.

Pensem comigo um minuto. Quando a humanidade descobriu a roda, todos, sem exceção, copiaram a roda e a reproduziram. No entanto, se alguém não tivesse pensado em fazer algo melhor com a roda do que simplesmente girá-la por aí, nós nunca teríamos carros hoje. Percebem aonde quero chegar? Muito provavelmente você não inventará nada verdadeiramente novo, mas existe a possibilidade de você usar a sua imaginação para criar algo inovador.

É assim que a concorrência se torna algo sadio. No mercado do livro, não há espaço para muitas invenções, mas existe bastante espaço para criatividade. Você não vai encontrar o substituto dos livros, mas pode encontrar uma nova forma de vendê-los ou de produzi-los.

Assim caminha o mercado: uma pessoa tem alguma ideia genial e a põe em prática; 90% das pessoas ao redor irão copiá-la sem a preocupação de fazer a diferença na história, apenas vender muito. No entanto, os 10% restantes serão de pessoas inconformadas com a mesmice e que vão buscar novas e criativas formas para inovar o mercado. E, quando uma dessas pessoas conseguir, o ciclo recomeçará.

Caso você tenha a pretensão de ser um empreendedor de sucesso, *nunca* seja parte dos 90% de acomodados, mas dos 10% de inconformados. Ainda que não seja a pessoa que terá a ideia que revolucionará o mercado, você estará próximo das pessoas que mudam o mundo. Com o tempo, você será parte dessas pessoas.

Seja ativo

Não é raro vermos empreendimentos que falham por serem reativos. Esse é um problema que atinge toda e qualquer pessoa que não possui perspectiva ou espírito empreendedor. O mercado não precisa de pessoas reativas, mas ativas! Caso você apenas reaja às investidas da vida, em pouco tempo você será contado entre os fracassados.

Reagir é uma ferramenta que pode ser muito útil em casos de investidas inesperadas e praticamente impossíveis de serem rastreadas, porém ela deve ser a exceção, não a regra. Por essas e outras, tenha sempre um plano de ação. Seja ator, protagonista, não um mero coadjuvante.

Há o caso de uma empresa norte-americana que era a típica empresa parasita. Ela reagia às investidas do mercado, apenas copiando o que empresas grandes faziam. Ela não buscava melhorias nem aperfeiçoamento. Era pura e simplesmente reativa.

Em dado momento, as empresas passaram a adotar novas tecnologias, porém não como parte de novas estratégias de venda, apenas como uma busca por excelência mesmo. A empresa americana em questão, por ser apenas uma empresa parasita e reativa, acabou não acompanhando o avanço dessas tecnologias e passou a ter dificuldades de copiar as demais empresas. Percebam que uma empresa parasita tem dificuldades até de *copiar* outras empresas.

Quando somos reativos, passamos a ser como essa empresa norte-americana. Ao nos contentarmos com o ordinário, com o simples e com o pouco, estamos assinando nosso atestado de óbito. Será apenas uma questão de tempo para sermos superados por todos ao nosso redor. Mesmo empresas mais fracas, mas com uma mentalidade à frente da sua, passarão na sua frente.

IGNORE AS MODAS E OFEREÇA O QUE AS PESSOAS PRECISAM

Uma das empresas que mais tem crescido em nosso país é o Magazine Luiza. Ela surgiu em 1957 como uma loja de móveis e hoje possui um alcance de possibilidades de compra apenas comparável ao da Amazon.

Assim como todas as grandes redes, o Magazine Luiza tinha uma rede de marketing centralizada, ou seja, a central das lojas preparava as campanhas de marketing e as enviava para as filiais em todo o Brasil. Embora isso possa parecer algo bom, na verdade não é tão bom assim. Em nível nacional, o Magazine Luiza respondia às investidas da concorrência, porém acabava por não atender seus clientes. No entanto, uma pequena filial da rede no interior de uma pequena cidade estava apresentando números de vendas que as grandes metrópoles ralavam para conseguir.

Os chefões da empresa foram ver o que estava acontecendo. Queriam entender qual era o fenômeno desconhecido que gerava tantas vendas assim. O que estava acontecendo, na realidade, era que o gerente daquela filial divulgava promoções especiais para os moradores daquela região em suas próprias redes sociais. Pode parecer algo bobo para as pessoas sem visão empreendedora, mas, para aqueles que nasceram com o desejo de empreender, isso é algo genial.

Aquele gerente, melhor do que o ciclo fechado dos marqueteiros do Magazine Luiza, sabia exatamente do que as pessoas daquela pequena cidade precisavam. Ele não estava nem aí para as modas das grandes metrópoles ou para agredir a concorrência em nível nacional. O que ele queria, na verdade, era atender a sua clientela da melhor maneira possível. E, acreditem, isso é mais eficaz que uma concorrência agressiva.

Tudo o que ele fez foi conhecer o seu ramo de mercado e descobrir o que seus clientes queriam. Sabendo disso, ele só precisou entrar em contato com as pessoas. Interagir, seja por rede social, e-mail ou cara a cara.

Conheça seu público melhor do que as tendências da moda. A moda é sempre passageira, mas seu público é permanente.

Reconheça o que eles têm de melhor e supere-os!

Humildade sempre é e sempre será o melhor caminho para o sucesso. Não há problema algum em reconhecer os méritos e o sucesso das outras pessoas. É perfeitamente normal que as pessoas pensem diferente de nós e que, às vezes, vejam além do que nós mesmos estamos vendo. Essa dinâmica é constante na história da humanidade.

Você já parou para pensar que cada pessoa hoje em dia tem mais conhecimento que Platão, Aristóteles e Sócrates juntos? Isso é um tanto óbvio! Esses grandes homens do passado possuíam muita sabedoria, mas eram limitados às descobertas de suas respectivas épocas. Hoje, a partir do conhecimento deles, desenvolvemos outros conhecimentos e percepções do mundo.

Isaac Newton foi um gênio sem precedentes, porém Albert Einstein conseguiu superá-lo e Stephen Hawking, por sua vez, superou os dois. Algum desses fatos desmerece Newton ou Einstein? De modo algum! Um gênio não substitui o outro, mas aperfeiçoa as ideias daquele que o precedeu, pois está apoiado sobre o ombro de gigantes.

Por isso, não tenha medo de aprender com a concorrência. Entenda onde está o acerto deles e reconheça seus méritos. Eles não alcançaram o sucesso à toa. Porém, partindo do sucesso deles, busque sempre superá-los. É a partir dos acertos deles que você alcançará o estrelato. Da mesma forma, quando você mesmo alcançar o pódio dos vencedores, outras pessoas tomarão você como exemplo. Os gênios nunca serão superados. O gênio é peça fundamental para o sucesso da humanidade.

Tomemos como exemplo o serviço de streaming de música Napster. Ele pode ser considerado o pai do

Spotify. À época, ele era nada mais nada menos que uma rede ilegal de compartilhamento de arquivos de músicas. Com o tempo, foram surgindo diversos outros programas que sempre foram apelidados como "*tipo o Napster*". Eles não eram originais, mas cópias mais simples. No entanto, programas parecidos foram surgindo e aumentando o alcance do Napster. De um programa que baixava músicas, algumas pessoas começaram a desenvolver programas de download compartilhado, o famoso Torrent.

Torrent, Limewire, Kazaa e tantos outros são parte do legado do Napster que recentemente voltou com suas atividades, porém dessa vez de forma legal. Outras empresas que surgiram inspiradas nele foram Deezer, Spotify, Apple Music etc. Todas essas empresas não tiram a genialidade Sean Parker, o criador do Napster. Elas apenas atestam sua genialidade e ajudam a eternizá-lo na história. Sem Parker, nenhuma dessas outras empresas existiria do modo como existem hoje.

Seja o único, mesmo que não esteja sozinho

Você sabia que existem em atividade cerca de vinte redes sociais semelhantes ao Facebook e ao Instagram? Sabe por que você não sabe disso? Porque tanto o Facebook quanto o Instagram trabalham para manter seus usuários satisfeitos o tempo todo. Eles buscaram expandir suas atividades a fim de que você não precise de outros aplicativos.

Houve uma época em que o WhatsApp se tornou uma ameaça para o Facebook. Eles tentaram superar o WhatsApp criando um novo app, porém era extremamente difícil, tendo em vista a abrangência do app do Facebook. O que acabou acontecendo foi que o Facebook comprou o WhatsApp e o integrou à sua equipe, assim como fez com o próprio Instagram, por exemplo. O Facebook reconheceu o potencial e a necessidade dessas redes sociais e fez o que estava ao seu alcance para abraçá-las.

Porém, essa nem sempre é uma possibilidade diante da concorrência. O mesmo não aconteceu com o Snapchat. Houve diversas tentativas do Facebook de criar algo que substituísse o Snapchat e fizesse com que os usuários não saíssem de um app para o outro. Todas as tentativas foram frustradas. A última tentativa amigável do Facebook foi comprar o Snapchat, porém não houve acordo.

Diante dessa situação, o Facebook, assim como todos os outros aplicativos da sua rede, a saber o Instagram e o WhatsApp, adicionou elementos semelhantes e, em grande parte, aperfeiçoados, do Snapchat, fazendo o aplicativo de mensagens com base em imagens cair em desuso e ser condenado ao ostracismo.

Você pode achar esse exemplo um pouco fora da realidade, mas posso provar que não é! Quer ver? Vá a qualquer vendinha de bairro e perceba se os clientes dessa vendinha têm o costume de ir a grandes redes de supermercado. Tudo de que eles precisam está a menos de dois quarteirões de suas casas, com preços mais acessíveis e formas de pagamento mais amigáveis. Nesse exemplo, por incrível que possa parecer, a vendinha é o Facebook e as grandes redes de supermercado são o Snapchat.

A vendinha conhece seu público e tem a capacidade de atendê-lo melhor e com maior qualidade. Todos no bairro conhecem o dono da venda e, se preciso for, caso falte algo na compra deles, basta pedir diretamente ao dono que, no dia seguinte, tudo estará pronto para a compra. Mesmo que você não seja o único, mostre-se como se fosse. Faça-se necessário e indispensável.

CAPÍTULO 8

Funcionários: conquiste-os por medo ou por respeito

Demonstre sempre que está em alta performance, esteja sempre em combate: seus funcionários vão perceber isso e a tendência é seguirem o líder. As coisas precisam ser feitas ou porque respeitam você ou porque o temem – me perdoem os politicamente corretos, mas façam o que digo.

Sempre procure evidenciar que está em sua melhor forma e vivendo constantemente em alta performance, ainda que não seja verdade. Não basta ser bom, é preciso parecer bom.

Esteja sempre pronto para o combate e seus funcionários irão ver em você não apenas um chefe, mas um líder. Nunca os deixe esquecer que as coisas *precisam* ser feitas, não importa se enxergam você com respeito ou com medo.

Os frágeis e politicamente corretos que me perdoem, mas se preocupe mais com que as pessoas façam o que você diz e não com o que você, de fato, faz.

Provavelmente, uma das maiores dificuldades de quem começa a empreender é contratar funcionários. Além do fato de ser caro, há um ponto ainda mais preocupante: encontrar um bom funcionário. Mesmo que você tenha uma condição financeira ótima e que consiga pagar um sem dor de cabeça, se você não encontrar um bom funcionário, o dinheiro será o menor dos seus problemas.

Conforme os empreendimentos vão crescendo, é comum que o dono vá sumindo da frente da empresa, dando lugar aos funcionários. Por esse motivo é que é necessário saber escolher seus funcionários e ter um bom relacionamento com eles, independentemente se for por medo ou por respeito.

Você não precisa ser amigo dos seus funcionários, mas deve sempre deixar claro que o principal relacionamento que vocês possuem é o de empregado e empregador.

Como selecionar seus funcionários?

Embora a resposta a essa pergunta seja um tanto relativa, tentarei ser o mais abrangente possível.

Bom, por que essa é uma questão relativa? Porque ela não pode ser algo fixo e absoluto para todo modo de empreendimento. As dinâmicas de uma livraria serão diferentes das dinâmicas de um açougue, assim como as dinâmicas de uma perfumaria serão diferentes das dinâmicas de uma papelaria. Contudo, existem alguns parâmetros possíveis seguir na hora de encontrar um funcionário e que, acredito, podem ser aplicáveis a qualquer ramo.

1 – Comprometido

Um funcionário comprometido é uma arma de ataque contra a concorrência e uma máquina de fidelização de clientes. Por isso, busque por alguém que se comprometa com seu empreendimento e vista a camisa do estabelecimento. Essa pessoa o ajudará a melhorar e a crescer.

Um funcionário comprometido será não apenas um aliado, mas também um vigia. Alguém que veste a camisa da empresa terá um maior cuidado com seus produtos, com os clientes e também com funcionários não tão bons quanto ele.

Esse tipo de funcionário tem a tendência de ajudar e incentivar a melhora de outros funcionários. Geralmente, há nele um espírito de liderança que auxilia na hora de conduzir as coisas.

Não é raro muitos desses acabarem por se tornar sócios ou parceiros do investimento. Selecione muito bem as pessoas que estarão com você.

2 – Interessado

Embora eu reconheça que esse ponto é um dos mais complicados, acho importante mencioná-lo. Por que é um dos mais complicados? Pelo simples fato de, dependendo do seu ramo de empreendimento, ser bastante difícil encontrar alguém interessado pelo produto que você vende o suficiente para saber vendê-lo com a intensidade necessária.

Um exemplo: caso você abra um açougue e, além do açougueiro, você também tenha um atendente, será de extrema valia que esse atendente entenda de carnes e possa ajudar os clientes. Contudo, não é comum encontrar pessoas assim.

No entanto, em outros ramos não há essa dificuldade. As livrarias, por exemplo, fornecem até um certo luxo do empregador em selecionar os empregados. Há uma grande quantidade de pessoas interessadas por leitura e muitos estudiosos que entendem de livros. Essas pessoas são extremamente importantes para as vendas, pois são elas que impulsionarão seus negócios, fidelizando clientes e divulgando produtos.

Alguém que entende ou que pelo menos se preocupe em aprender mais sobre o ramo de trabalho em que se encontra, definitivamente, é alguém que você quererá por perto. Com essas pessoas por perto, você ficará conhecido não apenas por bons produtos, mas por um bom atendimento e uma boa curadoria. Opte sempre pelos melhores e descarte aqueles que se contentam com o ordinário.

3 – Interesse externo

Converse com os candidatos a funcionários do seu empreendimento e descubra quais são as motivações deles para conseguir esse emprego. Isso pode dizer muito não apenas sobre a personalidade do candidato, mas também sobre a qualidade do trabalho que ele irá desenvolver.

Os motivadores de uma pessoa demonstram para onde ela está indo. Alguém que visa sustentar sua família dará o melhor de si não apenas para manter o próprio emprego, mas para que o local onde ela trabalha também se mantenha de pé.

Em alguns casos, será nítido que o candidato não pretende ficar por muito tempo, porém, mesmo nesses casos a contratação pode valer a pena. Ainda que seja temporário, esse funcionário já demonstra, desde a entrevista, que tem ambição e deseja crescer profissionalmente.

Busque por pessoas ambiciosas e determinadas. Ainda que isso gere uma rotatividade grande de funcionários, você sempre disporá de ótimos funcionários. Mais do que isso, você será conhecido não apenas pelos produtos ou pelo atendimento, mas por sempre ter perto de si um time de primeira linha.

Duas formas de liderar

1 – Pelo respeito

O respeito é uma das marcas mais importantes de um líder, embora não seja a única. Conquiste o respeito de seus empregados e, mais do que funcionários, você terá aliados.

Funcionários empenhados em seu trabalho e que possuem um relacionamento de respeito e, por vezes, de admiração com seus chefes têm uma tendência a serem verdadeiros aliados.

Há uma máxima popular que diz que o respeito é conquistado pelo exemplo. Portanto, dê o exemplo a seus funcionários e seja você mesmo um bom funcionário. Não é porque você é um empreendedor que não tem obrigações e compromisso. Esteja sempre em dia com suas obrigações e honre os seus compromissos. Não apenas isso, mas esteja certo de que seus funcionários saibam disso. Não adianta nada ser trabalhador sem parecer um trabalhador.

> "Não deixe sua reputação à mercê do acaso ou das fofocas. Ela é a arte da sua vida, e você deve moldá-la, aperfeiçoá-la e exibi-la com os cuidados de um artista."
>
> Robert Greene, *As 48 lições do poder*

Embora isso não seja algo muito louvável, é assim que a realidade funciona, portanto, viva de exemplos e de aparência, principalmente para seus funcionários. Faça necessário com que suas atitudes gerem o respeito para liderá-los e para que eles sejam bons funcionários.

O bom chefe serve como espelho de seus funcionários, independentemente de ele os conquistar por respeito ou por medo. Nenhum império se ergue sozinho. É necessário que pessoas o ajudem, e, se você conseguir mostrar o seu trabalho, as pessoas terão orgulho em ajudá-lo a construir seu império, nem que seja levando meia dúzia de tijolos.

2 – Pelo medo

Essa é a opção menos desejável, porém é tão eficaz quanto. Com toda certeza você já assistiu ou pelo menos ouviu falar do filme *O diabo veste Prada*, que retrata a famosa e poderosa editora da *Runway*, uma revista de moda, Miranda Priestly, interpretada por Meryl Streep.

Miranda é o tipo de chefe que todos odeiam. Ela trata mal seus funcionários e não dá uma segunda chance para ninguém. As pessoas temem até mesmo a sua presença. Ainda assim, as coisas funcionam muito bem.

Ela tem os melhores empregados e todos almejam trabalhar com ela, mesmo com sua péssima fama. Ela impôs respeito através do medo. Foi por esse caminho que ela encontrou um modo de liderar, assim como muitos chefes, e não há nada de errado nisso.

Como já disse anteriormente, precisamos sempre distinguir trabalho de relacionamento pessoal. O chefe não tem obrigação nenhuma de ser o anjo da guarda dos funcionários e nem o contrário. Os funcionários não devem almejar fazer parte da família do chefe.

> "O homem sensato adapta o mundo a sua forma - o insensato se adapta ao mundo."
>
> James C. Hunter, *O monge e o executivo*

O que é, de fato, importante é deixar os papéis extremamente claros. Se o funcionário sabe seu lugar e sabe o porquê de ele estar ali, então as coisas têm tudo para caminhar bem. Diálogo, nessas horas, é a ferramenta principal. Seja por medo ou por respeito, você deve conquistar seus funcionários.

Eles devem entender o porquê das suas atitudes e seguir suas ordens tendo em mente que você sabe o que é melhor para a empresa e para eles.

Nessas horas, é muito importante que o chefe imponha a imagem de um monarca soberano. Ele está lá para tomar decisões importantes para o futuro do empreendimento.

Durante toda a História, muitos líderes que foram odiados por seus seguidores foram também considerados, posteriormente, os mais sábios. Podemos citar diversos deles, como os primeiros-ministros da Inglaterra Winston Churchill e Margaret Thatcher e o papa Pio XII.

Eles foram vistos como tendo punhos de ferro, como pessoas sem diálogo ou então de pouco carisma. As acusações não estão completamente erradas, porém também não são suficientes para lhes denegrir a imagem. Tais atitudes, em momentos difíceis, são necessárias para manter a paz, a ordem e a continuidade das sociedades.

Conta-se que um capitão que estava levando sua tripulação à guerra. Ele confiava plenamente neles, mas eles não tinham a mesma confiança em si mesmos. Pensando nisso, o capitão bolou um plano para motivá-los na marra.

Ao desembarcaram com as armas e equipamentos, quando todos já estavam levantando o acampamento, o capitão deu um grito, a fim de chamar a atenção de todos. Ele estava saindo do navio, acompanhado de seu assistente, e ambos carregavam galões vazios de gasolina.

Quando finalmente desembarcou, o capitão fez um discurso dizendo que confiava plenamente neles e que sabia que juntos eles teriam a capacidade de vencer aquela guerra. Ao terminar, ele acendeu uma tocha e ateou fogo ao navio. Todos se assustaram.

O capitão então disse, num grito: “Não haverá desertores, e só sairemos daqui quando vierem nos buscar com brados de vitória pois fomos vitoriosos!”.

Essa história sempre me perseguiu e apenas quando comecei a empreender que ela fez completo sentido para mim. Devemos ser como esse capitão. Não podemos desistir, mesmo diante das dificuldades. Mais do que isso, devemos liderar as pessoas para o campo de batalha! Ao irmos para a guerra sangrenta do dia a dia, devemos ir como vencedores.

É necessário queimar um navio por dia e cuidar para que ninguém fuja com medo. Diante da guerra, não podemos ter medo, mas raiva!

Impor medo é uma ferramenta extremamente útil quando não se consegue ter controle de tudo. Tão importante quanto ter o controle é passar a impressão de ter o controle. Se, por acaso, perdemos o controle da situação, é de extrema importância, para o bem do funcionamento da ordem e da normalidade, que tudo seja mantido como se nada estivesse errado.

CAPÍTULO 9

Driblando a crise: inove, acredite, não pare de remar

Em tempos de crise, é comum nos desesperarmos. Quando perdemos o controle da situação, seja ela qual for, é natural do ser humano entrar em desespero. É como o pai de família que, diante de uma crise financeira, se vê numa situação bastante complicada: ou ele trabalha mais do que o normal para colocar comida dentro de casa, mas fica sem tempo para conviver com os membros de sua família, ou continua num trabalho normal e podendo ter contato com seus filhos e esposa, mas fazendo toda a família passar por dificuldades extremas.

Situações assim, embora não sejam boas nem tão corriqueiras, são bastante normais e um tanto comuns na vida daqueles que sonham em empreender. A vida dos negócios é uma vida de riscos e dificuldades.

Como já disse, não há um caminho fácil. A porta é e sempre será estreita. Contudo, existem diversas maneiras de passar por essas situações. A depender de como você enfrenta a crise, podemos ter uma ideia do tipo de empreendedor que você é, isso se você for realmente um empreendedor.

Existem alguns perfis padrões que evidenciam o tipo de empreendedor que você é: otimista, pessimista ou realista.

Otimista

Embora muitos tendam a pensar que é esse o perfil do empreendedor de sucesso, na verdade esse é o perfil do empreendedor que, com toda certeza, irá falir logo no começo, o empreendedor de fracasso! Sim, o otimista é o peixinho que será devorado pelos tubarões da concorrência. Se você pensa que ser otimista é a melhor forma de seguir sua vida, não há problema algum nisso, você pode seguir em frente, ainda que esteja completamente errado.

O otimista sempre tem a tendência de olhar o copo meio cheio, ainda que alguém tenha acabado de beber metade do copo na frente dele.

Pessoas que maquiam a realidade não terão a capacidade de enfrentar de frente, com calma e sensatez, os problemas. Quem mente para si mesmo e diz "tudo está bem" será o primeiro a se afogar durante as tempestades.

Romancear a realidade é o primeiro indício de que você não serve para o mercado. Ter uma visão poética dos problemas é algo bom para os artistas, não para empreendedores.

O artista que vê beleza nas dificuldades conseguirá ganhar dinheiro com sua interpretação romantizada da realidade; o empreendedor vê beleza nas dificuldades e, por isso, passar por elas como o artista o faz irá sucumbir à primeira onda.

O empreendedor não é um artista, mas um guerreiro, e, portanto, deve estar de corpo e alma no campo de batalha. Ele deve enxergar a realidade e lidar com ela da forma mais sensata possível.

Pessimista

O pessimista, embora não seja o perfil ideal para o empreendedor, possui maiores chances de sobreviver ao mercado que o otimista. Enquanto um acha que tudo está bem e, por isso, vive com o modo Zeca Pagodinho ativado – *deixa a vida me levar* –, o outro vive num estado de pânico constante. Se um leva você a não se preparar para os perigos e para as dificuldades, o outro leva a viver com diversas barreiras que ele mesmo construiu. Ainda que uma perspectiva pessimista da realidade não seja a ideal, ela é melhor que a otimista.

O grande problema do pessimista é que ele acaba se privando do sucesso por excesso de cuidado. Ao buscar se precaver de toda e qualquer dificuldade, ele acaba colocando desafios do caminho que, se não fossem por sua paranoia, nunca estariam lá.

O pessimista, diferentemente do otimista, sobrevive sem muitos problemas às dificuldades inerentes à vida empreendedora. Ele antevê – na maioria das vezes com muitas chances de acerto – os problemas e as tempestades e consegue se preparar. Contudo, ele evita coisas demais.

Ao buscar se precaver de toda e qualquer investida dos problemas da realidade, ele exclui um fator muito importante na vida empreendedora. Ele vive com força o foco e a força, mas exclui o *foda-se*. Correr riscos é importantíssimo para o bom funcionamento de algum empreendimento. No final das contas, embora o pessimista sobreviva mais que o otimista, ambos idealizam a realidade. Um está fadado a morrer na primeira tempestade, enquanto o outro está fadado a sobreviver a todas as tempestades, mas nunca chegar à praia.

Realista

Eis aqui o empreendedor de sucesso! Sabe aquela história de enxergar o copo meio cheio ou meio vazio? Então, o realista não se encaixa em nenhuma dessas duas perspectivas. Na verdade, o realista é o único dos três que se preocupa com a qualidade do copo. Mais importante do que saber quanta água há no copo é saber quanta água o copo suporta, se ele é bonito, se há lugar para guardá-lo.

O empreendedor de sucesso olha para além do óbvio. Enquanto o otimista e o pessimista se preocupam com o mar, o realista se preocupa com o barco. Afinal, de nada adianta você prever exatamente quando a tempestade irá chegar.

Se você estiver num bote salva-vidas, irá afundar junto com a pessoa que estava no *Titanic* mas não viu o iceberg.

Se você deseja ter sucesso em seus negócios, é importantíssimo não romantizar a realidade. Não seja um idealista, mas um realista. Veja os dados empíricos e trabalhe em cima deles. Não ignore as possibilidades, mas nunca se esqueça de que elas são apenas possibilidades, não realidades. Sempre que agir com a mente de um realista, você sempre estará um passo à frente dos tubarões da concorrência e as crises não serão suficientes para derrubá-lo.

Inovando num mundo de mesmices

Não é segredo que estamos vivendo uma crise econômica de nível global. A crise atual não é privilégio de brasileiro, e afeta a todos. Tendo isso em mente, é imprescindível inovar. E quando falo de inovação não me refiro, necessariamente, a novos produtos ou invenções, mas a novas perspectivas.

Você não precisa inventar o substituto da roda ou do smartphone. Basta inovar no modo de vender, na forma de fazer a propaganda. Seja criativo!

Se você tem uma livraria, então compre meia dúzia de cadeiras e sirva um cafezinho; se você tem um açougue, venda churrasco na porta; se você tem uma vendinha de bairro, pense na possibilidade de entregas em domicílio. Pense fora da caixa ou correrá o risco de se perder dentro dela, assim como fez a Kodak, por exemplo.

Se você tem menos de 20 anos, a chance de você não ter a mínima ideia do que seja a Kodak é bastante grande. Essa empresa foi a responsável por popularizar as câmeras fotográficas descartáveis e dominou o mercado da fotografia por quase um século.

Eram câmeras simples e que apenas tiravam fotos. Em alguns modelos um pouco melhores, elas também possuíam a opção de flash, mas nunca iam além disso. Elas eram vendidas quase a preço de custo, pois, para a empresa, isso não fazia diferença.

O foco da Kodak não estava na venda das câmeras, mas na venda de filmes – para você que está acostumado a tirar fotos pelo celular, filme é o rolinho com papel negativo que ia dentro da câmera e que tinha uma quantidade exata de fotos que poderiam ser tiradas.

Eles foram inovadores no começo, porém passaram de um perfil realista e que buscava inovar com aquilo que a realidade apresenta para um perfil pessimista. Com o advento das câmeras digitais, a empresa achou que seria mais prudente continuar com as câmeras analógicas e com as fotos impressas em papel. A Kodak não captou a velocidade do avanço da tecnologia.

Enquanto isso, todas as outras marcas já clássicas do mercado e as novas que estavam surgindo apostaram na era digital e ganharam, enquanto a Kodak, por preferir se precaver, chegou a decretar falência, e hoje se mantém apenas pelo nome.

Outro caso interessante, mas dessa vez de sucesso, é da empresa Uber. Numa época de crise econômica, Travis Kalanick e Garrett Camp decidiram criar um aplicativo que permitiria não apenas um acesso fácil a transporte privado urbano como uma nova opção de fonte de renda para as pessoas.

A Uber não criou a roda, muito menos um substituto para ela. O que Kalanick e Camp fizeram foi olhar para o mercado, identificar um problema e trazer uma solução.

Com a crise, o preço do transporte público subiu juntamente com o preço dos táxis e do combustível em diversos países. Diante disso, os dois criaram um aplicativo que possibilita que qualquer pessoa com as condições mínimas especificadas pela empresa possa trabalhar, fazendo o seu próprio horário. O aplicativo permite que o passageiro tenha acesso fácil à locomoção, bastando ter um smartphone em mãos. Eles construíram tudo isso sem gastar um centavo com carros.

O espírito do empreendedor deve, necessariamente, ser um espírito livre e inovador. Quem se limita às amarras do politicamente correto e se prende em caixinhas se priva do sucesso. Se pessoas como Jeff Bezos, Steve Jobs ou Elon Musk tivessem se contentado com pouco, eles não seriam quem são hoje. Se todo empreendedor de sucesso tivesse sido um otimista ou um pessimista, não teríamos nenhum empreendedor de sucesso hoje em dia.

Você quer ter sucesso na vida, então trate de encará-la de frente! Saiba que existirão dificuldades no caminho. A crise é um caminho natural do mercado. Hoje tudo pode estar às mil maravilhas, mas saiba que em breve isso vai mudar. O céu aberto e ensolarado se tornará um céu nublado e carregado de nuvens de chuva.

Se você encarar as coisas como elas de fato são e se preparar para os problemas, você continuará a seguir o caminho para o sucesso, mas se romantizar demais as coisas, irá sucumbir ao primeiro trovão. O mercado é feito de guerreiros. Seja um guerreiro ou nem tente entrar nesse mundo.

CAPÍTULO 10

Dez regras para empreender (e mais uma de brinde)

Já disse no começo deste livro que ele não é um manual de como ser bem-sucedido. Na verdade, este livro está mais para uma bússola do que, de fato, um mapa do tesouro. Foi pensando nisso que escrevi este capítulo. Não tenho a intenção de dar as dez dicas infalíveis, os cinco caminhos para o sucesso ou alguma bobagem semelhante.

O que eu pretendo é evidenciar que as coisas não são tão complicadas quanto as pessoas tendem a imaginar. Por isso reuni dez regras que são comuns a todos os investidores. Segui-las não é sinônimo de sucesso, mas pode ter certeza de que você estará no caminho certo.

O caminho do empreendedorismo deve ser um caminho politicamente incorreto. Caso resolva trilhá-lo, você entenderá o que quero dizer quando afirmo não acreditar em pessoas que fornecem as respostas definitivas para o seu empreendimento não dar errado.

Ainda que muitas coisas sejam semelhantes, cada empreendimento possui sua própria dinâmica interna, que simplesmente torna impossível traçarmos um caminho único que todos podem seguir sem problemas.

Não existe passe de mágica, segredo ou técnica infalível. O que existe é coragem para arriscar e seguir seus sonhos. Na estrada da vida, apenas você sabe o que irá enfrentar e quais são suas limitações.

Não se permita ser encaixotado em esquemas de sucesso que não renderam um centavo sequer aos seus criadores. Viva sua vida e apenas siga conselhos. Observe os empreendimentos e os empreendedores de sucesso e fique atento ao rastro que eles deixaram. A partir disso, trace o seu próprio destino.

1 – Persistência

"Persista e nunca desista!", sempre ouvi essa frase de professores e amigos durante toda a minha vida. Ela só fez sentido para mim quando me tornei um investidor. Foi no momento de dificuldade que a persistência se fez realmente útil.

Durante nossa adolescência e juventude, a necessidade de persistir, geralmente, aparece em situações passageiras como estudos, relacionamentos ou coisas similares, mas nunca está, necessariamente, relacionada ao nosso ganha-pão.

A persistência faz parte da trilha dos vencedores. Olhem para a Kodak, novamente. A empresa se recusou, no início da era digital, a se render a ela. Isso a levou à beira da falência. Porém, se tivesse cedido, teria também traído os princípios que a levaram a existir.

As fotos impressas sempre foram uma paixão de George Eastman, fundador da Kodak. Eastman persistiu em seu propósito e disse foda-se a todos que falaram o contrário. Ele era um realista e sabia que aquilo poderia levar sua empresa à extinção, mas persistiu.

Ainda que não seja mais a potência de outrora, a Kodak permanece no mercado e deixou sua marca na história. A persistência levou Eastman a colocar seu nome e o da Kodak na história da fotografia. Ainda que ele tenha passado por momentos difíceis, sua persistência e sua coragem tatuaram o nome Kodak na história.

2 – Coragem

Dê a cara a tapa e assuma as responsabilidades por suas ações, sempre! Ser realista, como já dissemos, é condição necessária para um empreendedor de sucesso. O realismo nos ajuda a perceber e entender a realidade e, com isso, criamos coragem de seguir em frente. Muitas vezes, estaremos num túnel sem luz e aparentemente sem saída.

Um otimista sentaria e esperaria alguém sentir sua falta e vir socorrê-lo; inevitavelmente ele morreria em menos de um mês. Um pessimista nem mesmo entraria no túnel, permaneceria do lado de fora observando o tempo passar e ele ficando para trás.

O realista, por outro lado, permaneceria em sua caminhada, mesmo sozinho, mesmo no escuro. O realista sabe que todo túnel é uma passagem, uma transição. Tudo tem um fim, e em última análise penso no sentido de final e de finalidade; ou seja, todas as coisas têm um final e um sentido.

Aproveite a caminhada e extraia todo conhecimento possível de toda e qualquer situação. Se fizer isso, você sairá mais forte e mais preparado para as próximas fases.

3 – Comunicação influente

Saiba falar, e fale com autoridade. Um bom comunicador não é o que fala o que o público quer ouvir, mas *como* ele quer ouvir. Saber falar é muito mais importante do que saber o que falar. Muitas vezes – e isso é normal –, algumas situações pelas quais passamos nos deixam sem as palavras certas. É difícil entender o que está acontecendo e o que as pessoas querem. Nessas horas, não se preocupe em saber exatamente o que falar. Preocupe-se, na verdade, em *como* falar.

O orador de sucesso é um líder proeminente, pois sabe direcionar as pessoas ao caminho que ele julga ser o mais sensato. Um líder que transmite medo em sua fala faz com que aqueles que o ouvem também temam, embora, muitas vezes, nem saibam o porquê. O contrário também é verdade. Um líder que transmite confiança e tranquilidade faz com que aqueles que o ouvem sintam o mesmo.

4 – Confiança

Esteja convencido do seu potencial e da sua relevância. Se você não acreditar em você, ninguém o fará. Saiba quais são as áreas em que você que pode ser relevante e demonstre sua importância. Faça seu nome lembrado e sua presença necessária. Um líder confiante é mais vantajoso a uma empresa do que um líder cheio de dúvidas.

Se você temer o futuro e as circunstâncias que o cercam, todos ao seu redor também temerão. Sua capacidade de falar de modo influente deve estar diretamente ligada à sua confiança. A confiança é a característica mais nítida da personalidade dos grandes líderes de sucesso.

Um exemplo fantástico é o eterno Walt Disney! À sua época, todos questionavam suas ideias extremamente lúdicas e suas técnicas um tanto heterodoxas. Graças a Deus ele tinha confiança e convicção de que aquilo que estava construindo entraria para a história e mudaria a vida de milhões de pessoas.

5 – Liderança

Saiba liderar, não importa se for por medo ou por respeito. Seja o líder, não apenas nas horas ruins, mas também nas boas. Cuide para que sua liderança seja parte da sua personalidade. Se as pessoas, ao pensarem em você, pensarem num líder, então você tem tudo para dar certo.

Lembre-se de que liderança deve ser sua identidade, não sua posição. Ou você nasce um líder, ou se torna; não há a menor possibilidade de você *ganhar* esse cargo. Nem todos aqueles que ocupam posições de liderança são verdadeiros líderes.

Todo bom líder é um vendedor de esperanças. Gandhi, em sua luta pela independência da Índia, foi um ótimo exemplo de vendedor de esperanças. Em sua luta, ele pregou o princípio da não violência, e os indianos, assim como os apoiadores de sua causa, o seguiram.

Diante violência do Estado inglês, eles *reagiam* com a não violência. Se Gandhi não soubesse convencer as pessoas através de seu discurso e não fosse um líder nato, ele não teria conseguido vender a esperança de uma Índia livre para todos.

6 – Estratégia

Lembre-se de que o mundo do empreendedorismo é um jogo em que o mais forte e preparado vence. Esse mundo é como o labirinto de Creta: resistir aos primeiros meses de tensão e dificuldades, ou seja, matar o Minotauro, é bastante simples se você tiver calma. Difícil mesmo é resistir ao que virá depois.

Quer resistir e permanecer firme em seu propósito? Tenha uma estratégia, um plano de ataque! Ser frio e calculista, embora muitos tendam a pensar que seja algo ruim, não é. Na verdade, ser frio e calculista é resultado de ser realista. Analisar a realidade sem paixões e sem preconceitos e calcular os ganhos e os danos.

O empreendedor de sucesso é o estrategista por excelência. Ele não faz nenhuma jogada sem pensar nas implicações imediatas e futuras. Ele raciocina sobre as possibilidades e identifica as possíveis barreiras e os campos verdejantes. Trabalhe sempre com o que você tem em mãos, nunca com o que você pode ou deseja ter. Isso vai garantir que você esteja sempre preparado e com os recursos necessários para enfrentar os gigantes.

7 – Resiliência

Seja forte para resistir às investidas da vida, pois não basta ser estrategista e confiante. Mesmo tomando todos os cuidados do mundo, uma hora ou outra, você irá cair. No entanto, seja forte e persistente, seja resiliente! Mesmo que você vá ao chão, tome isso como aprendizado e se levante. Momentos difíceis virão, lugares escuros chegarão, mas não fique neles. Na hora mais escura, tenha sempre uma vela em mãos que o guie de volta à sua jornada empreendedora.

Ser forte não é uma opção: ser forte faz parte do jogo. A palavra resiliência traz a ideia de algo que, mesmo após ter sido manejado e moldado de diversas formas, ao final, volta ao seu estado original.

O empreendedor resiliente é aquele que consegue se moldar às modas e tendências sem deixar de ser quem é. É o vencedor que suporta as intervenções do tempo, sem nunca perder sua identidade.

8 – Visão

Um empreendedor de sucesso enxerga para além do horizonte e vê o que as pessoas de pouca visão não conseguem ver. Se você deseja entrar nesse mundo de incertezas, saiba que precisará entrar para o clube daqueles que enxergam além do seu próprio tempo, os que possuem uma visão que vai além do que os olhos normais podem ver.

Seja ousado e arrisque. Busque olhar para onde ninguém mais está olhando, desbrave terras e seja aquele que irá apontar o caminho que todos devem seguir.

O visionário é aquele que pensa no bem comum e, por isso, atrai multidões. No final das contas, todo líder é um visionário e, consequentemente, todo visionário é um líder. A capacidade de liderar e o dom de olhar mais adiante são virtudes que caminham lado a lado.

9 – Planejamento

Planeje seu futuro e garanta o mínimo de estabilidade nas crises. Seu lado planejador e seu lado estrategista devem, obrigatoriamente, caminhar juntos. Suas estratégias devem estar alinhadas aos seus planos. O bom estrategista é aquele que provê apoio para os próprios planos.

É o plano de ação que define o alcance de um empreendimento, e esse plano necessita ser posto em prática de modo sistemático e estratégico. Nas mais diversas guerras que aconteceram durante a história da humanidade, o planejador e o estrategista sempre foram a mesma pessoa; nunca houve uma real distinção de funções, apenas de tarefas.

O plano perfeito, posto em prática de modo sistemático e com a estratégia correta, é o antídoto para curar uma menta aterrorizada e mostrar que toda guerra tem um fim e, automaticamente, um vencedor.

Esteja sempre um passo à frente. Comece planejando seu dia a dia e vá, aos poucos, estendendo ao planejamento da semana, do mês. Com o tempo, você terá um ano inteiro planejado e pronto para ser colocado à prova estrategicamente.

10 – Eterno aprendizado

Nunca deixe de buscar conhecimento. Esteja sempre buscando aperfeiçoamento na sua formação ou área de interesse e crescendo em conhecimento. Quem para de evoluir também para de crescer e acabará por ser devorado pela concorrência. Esteja sempre num processo de evolução intelectual e profissional.

Vá atrás de cursos, livros, eventos; acompanhe os maiores nomes da área do seu interesse nas redes sociais, esteja atualizado sobre as notícias. Tudo isso pode parecer besteira no início, mas a médio e longo prazos você perceberá que isso vai trazer muitas luzes nas situações em que você menos esperar.

Um preparo intelectual e profissional alinhado a uma vivência no campo de batalha do empreendedorismo é o fogo que forja o guerreiro. Como Sun Tzu já disse sabiamente, as oportunidades multiplicam-se conforme são agarradas. Portanto, agarre as oportunidades de crescimento.

Muitas dessas atividades serão feitas sem glamour ou atenção externa, e é bom que assim continue. Não mostre seu suor às pessoas, mostre seus resultados. Elas não precisam ver seu esforço, mas suas conquistas.

11 – Regra bônus: FODA-SE!

Ignore as vozes que não o colocam na direção do seu sonho e ligue o foda-se!. Se há algo que aprendi nestes anos todos como empreendedor foi que não há melhor remédio para ansiedade, nervosismo ou dor de cabeça que um bom *foda-se!* não resolva.

Vez ou outra, pelo bem de nossa própria sanidade mental, é essencial que ignoremos o mundo e as vozes alheias para ouvir o que nossa consciência está tentando nos dizer. Se ouvir as vozes alheias é sinônimo de ir contra sua própria consciência, então ignore-as.

Estar em paz é e sempre foi mais importante do que estar certo. Ignore aqueles que querem vê-lo para baixo e siga em frente na sua caminhada rumo ao topo. Quem tem muito tempo para falar e pouco para ouvir com certeza nunca sairá do lugar.

Os tempos que vivemos são complicados. Somos constantemente bombardeados por diversas notícias, uma mais confusa do que a outra.

Políticos caem e outros são eleitos; crises econômicas surgem, mas do nada o mercado pode responder positivamente. A verdade é que, se não ligarmos o foda-se! às vezes, entraremos num colapso psicológico, e isso não é saudável.

Encontre seu modo de equilibrar o esforço pessoal, os resultados e o foda-se!. Saiba quais são seus limites, suas virtudes e seu potencial.

Não vá além do limite ou você fracassará, não apenas nos negócios, mas na vida. Estabeleça uma rotina para sua agenda, seja organizado e disciplinado para seguir tudo à risca.

A vida de não possuir chefes não é o mar de rosas que todos imaginam. Ser seu próprio chefe demanda mais paciência do que lidar com outras pessoas. Às vezes, trabalhar sozinho pode ser mais irritante do que ter colegas de trabalho.

O FIM DE UM LIVRO, MAS O INÍCIO DE UMA JORNADA

Chegamos ao fim. Se você aproveitou alguma coisa do que eu disse, com certeza o fim deste livro marcará o início de uma longa jornada rumo ao estrelato.

Se você o leu apenas por curiosidade, tudo bem. Espero, ao menos, que ele tenha acrescentado algo na sua vida.

É comum do ser humano desejar marcar pessoas e participar de suas lembranças. Comigo não é diferente. Espero que este livro, assim como todo o trabalho que me possibilitou escrevê-lo, marque sua vida e que, de alguma forma, eu possa ter sido peça importantíssima para o seu crescimento.

Se você é do time dos empreendedores, torço para que tenha êxito em sua jornada e que um dia possamos nos encontrar no mundo dos negócios.

Este livro foi composto em Montserrat,
corpo 10,5 pt, para a Prime Editorial.